《越南漢文小說叢刊》第二輯 前言

在《越南漢文小說叢刊》第一輯總序中，我們將越南漢文小說分成神話傳說、傳奇小說、歷史演義、筆記小說和現代小說五大類。並指出現代小說「是本世紀以來，受西方文化和中國白話文學影響而創作的現代白話小說，數量不多，勉強算作一類，可以算是上四類的附錄」。因此，在談到傳統越南漢文小說時，指的是前四類作品。但在《越南漢文小說叢刊》第一輯中，我們並沒收入神話傳說。主要原因是這類作品版本繁多而且複雜，當時我們並沒有掌握到充分的資料。《越甸幽靈集》雖已排好版，但發現有若干版本還沒收集到，校對稿不能呈現全書不同系統的面貌時，就決定撤版。提起這段舊事，還要感謝學生書局同仁對學術的熱誠，同意出版這樣一套冷門書本已不易，蒙受撤版損失亦毫無怨言。我們將神話傳說作爲本輯的重點，藉以彌補第一輯未能編入這類資料的遺憾。

神話傳說是民族精神之所寄，是民族早期歷史曲折的呈現；各民族早期歷史幾乎都是由神話傳說構成的，越南亦不例外。《大越史記全書．外紀．卷之一》的史事，就和本輯收入的《嶺南摭怪》大致相同。《嶺南摭怪》部份故事採擷自古代史書，而它又是後世史家汲取的對象。但不論史書還是故事書，源泉都是口頭流傳的神話傳說。《越甸幽靈》和《嶺南摭怪》是越南現存最古老、最重要的神話傳說集，就目前掌握到的資料，編纂成書當在十四、五世紀間。書編成後又屢經後人增添補續，互相引錄，形成了你中有我、我中有你的局面。其他故事集更是輾轉抄襲，增刪重編。故研究者需將全部資料集中整理，方能觀其脈絡，見其演變之跡象。爲此，我們不單輯錄《越甸幽靈》和《嶺南摭怪》最早版本，亦兼容並蓄，將補續部分同時收入。對於不同系統的本子，雖故事相同而文字有較大差異、無從以校記錄入者，亦另行刊出，不避重複。蓋研究資料，不嫌其多，唯恐其不全耳。本輯收錄未全之資料，當收入後出叢刊中。

越南神話傳說讀起來特別親切：李翁仲固是耳熟能詳的人物，神龜築城之傳說既見於《華陽國志》，至今仍有故事流傳。〈鴻厖傳〉謂涇陽王娶洞庭君龍王女，使人想起唐人李朝威之〈洞庭靈姻〉（或稱〈柳毅〉、〈柳毅靈姻〉），以及由此發展出來的戲劇《柳毅傳書》。過往之論者以出現時代定先後，作爲《嶺南摭怪》所受中國文學影響之明證。我們認爲：與其說是互相因襲，不如指爲相同的來源。蓋神話傳說爲口頭文學，具傳承性、變異性諸特徵，不同時代不同地域者所記錄的同一故事，既有相同的母題，又有相異的情節。《嶺南摭怪》中，除了上舉三篇的某些情節，和中國古籍記載相合外，還有〈越井傳〉，與唐裴鉶的《傳奇》中〈崔煒〉一篇，有更多相同的情節。主角崔煒、配角鮑姑和玉京子等都相同，故事地點越井崗也是一樣的，可以看做同一故事的不同記載。《嶺南摭怪》記錄的是古代嶺南百粤民族的傳說，越南民族是百粵的一部份，越南和中國嶺南有相類甚至完全相同的傳說，一點也不奇怪。《越甸幽靈》既有地方的神祇，又有漢文化區共同的神祇，亦是很自然的。越南位於印支半島東部，印支半島是漢字文化圈和梵文文化圈的交接處，目前越南的中部、南部，過去是梵文文化區，一部越南國家發展的歷史，從文化的角度觀察，可以看作漢文化向南向西發展的歷史。正是在這一形勢下，越南所受印度文化的影響也是巨大的。《嶺南摭怪》的〈夜叉王傳〉是古代占城版的印度神話《羅摩衍那》，也是研究者公認的事實。

本輯刊出三種歷史演義小說：《皇越龍興志》是王朝歷史，《驩州記》是家族史，而《後陳逸史》則是地區性的個人的歷史。後兩者是王朝歷史的部份放大，而又可作爲皇朝史的補充。《越南漢文小說叢刊》第一輯中，我們刊出的三部歷史演義都是王朝史。《皇越春秋》記天聖元年（一四〇〇）至順天元年（一四二八）史事，《越南開國志傳》敍述黎英宗正治十一年（一五六八）至黎熙宗正和十年（一六八九）間阮氏崛起經過，《皇黎一統志》（又稱《安南一統志》）述黎朝景興三十八年（一七七七）至阮朝嘉隆三年（一八〇四）間史事，重點在敍寫黎朝覆滅的經過。本輯的《皇越龍興志》記景興三十四年（一七七三）至明命元年（一八二〇）史事，重點在阮朝興起的歷程。這四部王朝歷史演義，幾乎將越南自十五世紀至十八世紀的歷史，用小說的形式展示出來了。

《驩州記》（又稱《天南列傳阮景氏驩州記》）寫義靜（即古驩州）阮景家族前八世史事，特別是第五代阮景驩、第六代阮景堅、第七代阮景何、第八代阮景桂在「扶黎滅莫」，中興黎朝的功績，是一部以章回小說形式由本族後代修成的族譜，開創了「族譜小說」這一特殊的體裁，就我所知，在漢文小說世界中，這是前無古人、後無來者、別開生面的創作。

早期的中國歷史演義是藝人講史的底本，經下層文人整理成書的，有較多的民間通俗性。後來的歷史演義，有的已沒有經過講說的階段而直接創作，但一般來說，創作者都是下層文人，他們的歷史觀並不等同於官史。因而，在中國既有一套官方的歷史，又有一套民間的歷史；歷史演義是俗文學。越南的歷史演義，似乎都沒經過講史的階段而是直接創作。作者又都是較高層的官吏和文士。如果說早期的作品《皇越春秋》和《越南開國志傳》是後人據早期史料重新創作，還有較明顯的接受中國漢文歷史演義如《三國演義》影響的跡象，有較多的故事性；後期吳家文派所寫的《皇黎一統志》和《皇越龍興志》，則是以史家修史的態度，用章回小說的形式寫歷史。《皇黎一統志》的作者，寫的是他們身經的歷史；《皇越龍興志》作者寫的，是家族上一兩輩人身經的歷史。這兩本書，歷史性勝過文學性。越南漢文歷史演義的作者，不論寫的是王朝史還是家族史，都自覺到在補官修史書之缺失，並在序跋中明確地說出來。越南漢文歷史演義不是通俗文學。

本輯收書十七種，分五冊。其中《驩州記》、《後陳逸史》、《雨中隨筆》、《喝東書異》、《敏軒說類》五種是越南社會科學院漢喃研究所同仁校定的。《嶺南摭怪》最早的版本二卷本是漢喃研究所陳義教授整理的，後續的本子則是臺北中國文化大學朱鳳玉教授和蔡忠霖先生校點的。其它十一種書都是中國文化大學中文研究所越南漢文小說校勘小組師生校點的。各書校點者芳名，標於該書扉頁。越南漢喃研究所參與本書的工作，是由陳義教授組織安排的。中國文化大學中文研究所越南漢文小說校勘小組由鄭阿財教授領導。越方負責的六種書，除校勘標點外，又撰寫出版說明。撰寫者芳名附於文末。其中《後陳逸史》、《雨中隨筆》和《敏軒說類》出版說明用漢文撰寫，其它三種用越文。越文出版說明是由北京大學東語系顏保教授和他的高足盧蔚秋、田曉華、雷慧翠三位女史翻成漢文的。四位並翻譯本輯各書及其作者的相關越文資料，供撰寫出版說明時參考。本輯所有喃字，都是顏保教授翻譯成中文的。巴黎的劉坤霖先生也從越文翻譯若干參考資料，於此一並致謝。本輯各書正文、校記及出版說明，都由我和鄭阿財兄審訂，並作成定稿。這套書是臺北、河內、北京和巴黎四地研究者協作的成果。

《越南漢文小說叢刊》第二輯得以順利出版，首先要感謝法國遠東學院院長汪德邁（Vandermeersch）教授。和上一任院長一樣，他贊同我所提出的漢文化整體研究的構想，接納我在遠東學院建立漢喃研究小組的建議，使得越南漢文小說研究計畫，成爲學院研究計畫的一部分，因而得以充分利用該院的資料和設備。由於遠東學院的資助，陳義教授和顏保教授得以從東方來巴黎和我一道作短期合作研究。遠東學院繼續與學生書局合作出版這套叢書。

我還要感謝越南社會科學院漢喃研究所的合作，提供本輯部分資料。感謝漢喃所同仁陳義、黃文樓、臨江、范文深四位先生和阮氏銀、阮金鶯兩位女士參加本輯的工作。

越南漢文小說的整理和研究是法國遠東學院和漢喃研究所的合作研究計畫，並已成爲法國和越南文化交流的一個項目。這套書是這項目的一個成果。

《越南漢文小說叢刊》第一輯是王三慶教授所領導的，中國文化大學中文研究所越南漢文小說校勘小組成員協作編出來的。三慶兄後來應邀去日本天理大學任客座教授，得以收集日本漢文小說資料，和我合作編纂《日本漢文小說叢刊》，故改由鄭阿財教授領導校勘小組，負責第二輯的編纂工作。參加本輯工作的，有朱鳳玉教授、張繼光、陳益源、蔡忠霖先生和汪娟、吳翠華小姐。我也於此致謝。

《叢刊》第一輯出版後，得到社會的鼓勵，除了有不少書評外，又獲得當年行政院新聞局頒贈的圖書類圖書主編金鼎獎。但銷路奇差，估計至今還未能還本。而臺灣學生書局諸位執事先生，本著對文化的熱忱，明知要擔負虧損的風險，還毅然繼續出版這一套書，這是我深心感激的。

兩年半前，我以〈十年來的漢文化整體研究〉爲題，爲陳益源兄的《剪燈新話與傳奇漫錄之比較研究》寫序時，對漢文化整體研究的意義說過一段話，我覺得還能代表我目前的看法，抄錄下來供參考：

隨著科技的發展，世界各地已可以朝發夕至了。人類生活在一個小小的地球，歷史產生出來的國家，以及由國家產生出來的種種問題，又在新的歷史形勢下發生變化。歐洲十二國組成的共同市場，將在一九九三年起消除國界，並可展望將由經濟的統合發展到政治統合。政治家們已為二十一世紀提出歐洲聯邦的構想。產生兩次大戰的歐洲在合作情勢下，消弭戰禍於無形。反觀東亞，歷史上有過多少次大大小小的戰爭，即到當代還沒有停止過。歐洲的和平合作，為我們提供一個榜樣。通過經濟上政治上的合作，一個東亞聯邦，是不是也可在下世紀產生出來？從國家向超國家的聯邦整合，是當前歷史發展的方向，不能順應此一形勢的，在一個充滿競爭的世界中，將被拋到後頭。而漢文化區是東亞的支柱，未來東方的整合，會從漢文化區開始的。畢竟有共同的文化背景，有同質的價值觀人生觀，彼此的了解和合作是較自然的。漢文化的整體研究，正是為東亞未來的合作，墊個穩固的基礎。這就不單是學術研究的意義了。

當前西歐在加快整合的速度，歐洲共同市場各國紛紛在批准馬斯垂克條約，西歐將由經濟的整合發展到政治的整合，有單一的市場、共同的貨幣和整體的外交政策，甚至有統一的軍隊，北歐和東歐各國，亦都表示加入此一共同體的意願，有些國家如瑞典、瑞士、挪威等正申請加入此一共同體，而美國、加拿大和墨西哥，亦宣佈組成單一市場。面對這樣的形勢，東亞諸國，特別是漢文化區諸國，又將何去何從？

是爲序。

陳慶浩

一九九二年九月於巴黎

《越南漢文小說叢刊》第二輯　校錄凡例

一、本叢刊所編小說一律選擇善本作爲底本，各本文字則據底本原文迻錄。

二、除底本外若有其他複本可資參校者，則持以相校；其有異文，則擇善而從，並出校記說明之。

三、若文句不順，且乏校本可據者，爲使讀者得以通讀，則據文義校改，並出校記說明之。

四、凡爲補足文義而意加之文字，則以〔　〕號括別之。若爲原文之錯字、別字，則於注通行正字於原字下，並以（　）號括別之。

五、凡底本或校本俗寫、偏旁誤混之字，隨處都有，此抄本常例，則據文義逕改，不煩另出校記，以省篇幅。

六、又迻錄時，均加標點分段，並加人名、書名、地名等專有私名號。

七、凡正文下雙行註文，一律以小字單行標示。又正文有眉批者，則於適當字句下加註說明。若眉批不屬於某一字句者，則於各段後加註說明。

八、凡正文中，偶有喃字，一律譯成漢字，並將原文錄入註中。

雨中隨筆

目錄

卷下

敏軒說類

目錄

三、人　品……張國用撰……二一四

會眞編

目錄

新傳奇錄

目錄

臨江校點

雨中隨筆

雨中隨筆 出版說明

雨中隨筆爲筆記小說，作者范廷琥。范廷琥生于一七六六年，卒於一八三二年，字松年，又字秉道，號東野樵，時稱鑾老叟，唐安縣丹鑾社（今海興省平江縣）人。又在昇龍城懷德府壽昌縣河口坊（今河內行帆街）有私室。少時，入學國子監。適逢國內大變，戰亂頻仍，遂隱於鄉村，專志於學，著作頗多。明命二年（一八二一）阮聖祖北巡，以所著諸書奉獻，御頒翰林院行走。未幾請歸。明命七年（一八二六）又命爲翰林院承旨兼國子監祭酒。越年告病還鄉。復召爲侍講學士。

著有黎朝會典、邦交典例、景興辛巳册封使館書柬諸集、安南志、烏州錄、哀牢使程、大蠻國地圖、乾坤一覽、慶安丹鑾范家世譜、丹鑾范氏支系世譜、羲經測蠡、日用常談、東野學言、伴接存奉、桑滄偶錄（與阮案同著）及雨中隨筆等書。

雨中隨筆今有三抄本，皆藏河內漢喃研究所。其中，A1297、A2312本，抄於嗣德年間（「時」字避嗣德諱，皆作「辰」）。此二本皆草書。A2312本爲殘本，存十五小目；A1297本，亦有殘缺，存七十一小目（簡稱甲本）。VHV1466本，其底本抄寫年代遠比以上二本爲早，且內容完備，共八十九小目，玆用作底本，而與A2312、A1297參校。此本扉頁正中署有「雨中隨筆卷上」，四周加框，左下側有題記作「陳劉淺奉抄」，右上側則題有「皇朝保大辛巳季冬」（一九四一）。首頁有「雨中隨筆卷上」，「海陽丹鑾范松年」等記載。此書無序文。正文半葉八行，行二十六至三十字不等。版心，上記書名册次，中記標題（故事名），下記頁次。
書分上下兩册，無目錄。此次出版，按書篇次編訂總目，並加編號，置於書首，以便翻檢。
又此抄本頗多俗字，爲便於排印，均以正體出之。
一九二八年阮有進曾將此書譯成越語，載於南風雜志。一九七二年河內文學出版社曾再版。

臨　江

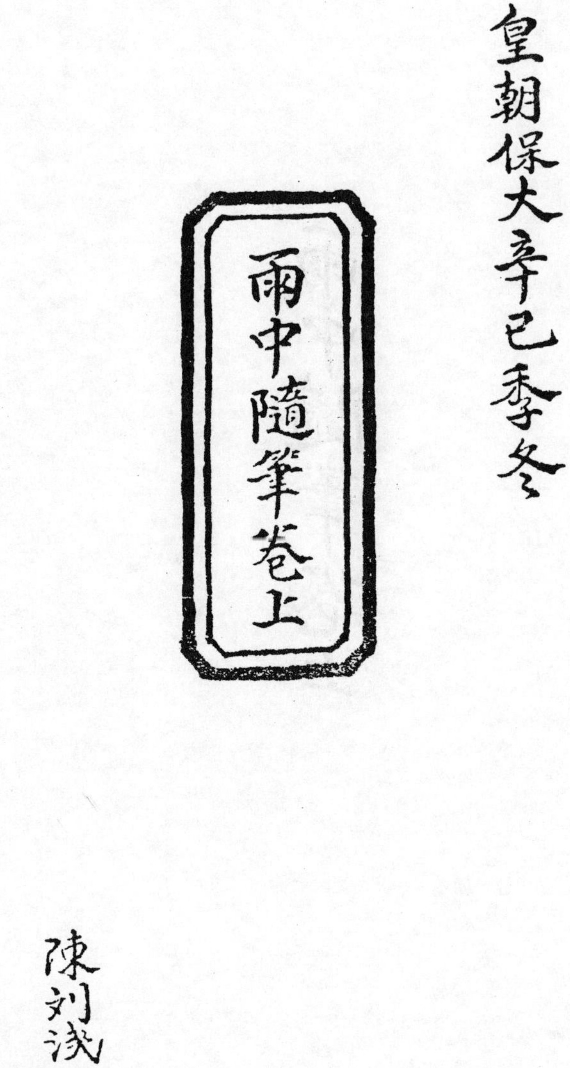

皇朝保大辛巳季冬

雨中隨筆卷上

陳刘淺奉抄

書影

雨中隨筆卷上

雨中隨筆卷上

海陽毋鑾范崧年

余生景興之戊子先大夫從南眞田先恭人妊中月報不爽興起居如平辰迨七八月未辨其有身也五六歲辰先大夫方莅西丞倅八頓裕木石花鳥之玩不入於懷保姆黃氏嘗知余所欲余曰立身行道自是男子分內事此不須贅倘異日成立得以詩文鳴世使知爲某氏子吾素志也保姆以聞諸先大夫恭人並蒙獎許荏苒二十餘年膝下之言依稀在耳潦倒窮途空懷負米之嘆悠悠蒼天謂之何哉

書影

雨中隨筆卷下

海陽丹鑿范松年

醫學

醫家之學炎帝黃帝始之雷公岐伯佐之聖人之開物成務所以為生民計者無不極其至中古以降名醫相繼方書日繁大畧不出八經八緯而已經者何針砭灸湯丸散膏塗是也病之在肌膚者必用膏塗在經絡臟腑者深用針砭灸淺用湯丸散夫是謂之八經而其權衡斟酌於其間必以望聞問切攻補平散為

雨中隨筆

卷上

自述❶

余生景興之戊子。先大夫從南省回，先恭人妊中，月報不爽，起居如平時，迨七、八月，未辨❷其有身也。五、六歲時，先大夫方蒞西承，俸入頗裕，木石花鳥之玩，不入於懷。保姆黃氏嘗扣余所欲。余曰：「立身行道，自是男子份內事，此不須贅。倘異日成立，得以詩文鳴世，使知爲某氏子，吾素志也。」保姆以聞諸先大夫恭人，並蒙獎許。荏苒二十餘年，膝下之言，依稀在耳。而❸潦倒窮途，空懷負米之嘆！悠悠蒼天，謂之何哉！

先大夫歷仕南省西承，篋藏幞頭豸冠各一，余嬉戲中每戴之，而豸冠尤其所愛，禁之不能也。有以國音小傳及聲色博奕事相聒者，掩耳不欲聞。既涉史書，而國音不能盡辨，歌詞琴譜，過耳茫茫然。甲辰得病，時有性命之憂；先長兄教以象棋；習之數年，對人輒北，逾冠，從諸知交，始解奕，略知攻守，便不置之懷抱。至于抹馬、攤錢諸技，素非所好，間戲習之，數久不解其術。天分有所暗，不能強也。流落以後，酷嗜北茗，雖甌甑不具，資用弗繼，而愛之如命。毫烙松桂❹，隨品遍嘗，屢斷之不能絕。憶先恭人在時，常以博奕茶酒爲戒，今年逾而立，四者，已犯其三。清夜細推❺，不勝愧憤。嗣當矯勵自克，以無負先訓也。

余九歲，受漢書，歷四年，而先大夫即世。苫塊之內，寒爆靡常，免喪纔捨史而經。至於❻古書古詩，愛之不能去手。歲壬寅，先長兄馳騖京邸，仲兄客居下洪，惟余留籍侍養。時先恭人在內寢，余獨居中堂。堂製七楹，坐東朝西。舊爲先大夫正寢。西承❼接霤，客堂五楹，前瞰方溏，植紅白蓮❽，環以青柳盧橘。南去客堂五、六步，橫樹竹籬，自中堂南廂西廟沼畔；其北則對植，迤邐華屏。沼之東，薄客堂砌，栽茉莉、月李、木樨、山丹三五本。遠臨曠野，隔竹孤館，隱隱在焉。每朝飯初罷，出就客堂，傍堆群書數架，隨意抽閱。日向夕，村童驅牛，行歌而過，或卷葉作觱篥聲；午睡初醒，不減若邪溪頭聽漁舟疑乃歌也。新月既上，散步塘周，哦初唐數聊，時倚椰根，舉❾花鼻觀，或掇蓬細嚼。歸來堂上，花香月影披拂几搯間。恒至鷄鳴乃寢。是歲冬季，先仲兄從客中返，與余共晨夕者又幾一年。今二兄既沒，故里蕭條，余且落魄奔走，河山邈矣，能不爲之涕焉。

王府舊事❿

甲午、乙未年，國內無事，聖祖盛王，留意玩好，遊觀西湖、紫沉、湧翠諸離宮，屢興工作。月三、四，幸西湖蓮瑞宮，侍候兵環列四岸，內臣巾幘，服婦人服，於湖邊列肆，陳百貨。御舟所至，扈從大臣，任意泊岸，貿易如市中商旅然。時坐樂上於鎭國寺鐘閣，及樹陰石窪中，遙奏細樂。

人間珍禽異獸，古木怪石，盆花小景，撿括無遺。常具（鋸）取一榕樹，自北江濟江而來。枝幹槎材，肖倪雲林縣崖老樹，根蟠數丈，環一奇兵昇之，上坐數四人，各執鑼劍，以節行止。

府中，隨地點綴，與海溢山陬無異。每秋夜靜，禽獸之聲四徹，或中夜喧豗，如飄風驟雨傾巢失所狀，識者以為不祥之兆。宮監小臣藉端騙吼。偵人家花鳥佳者，編「奉取」字于竹籠，瓦盆間。越宿⑪，陰使同輩率吏卒絜之去，隨以乾設供奉物入人罪，赫取財物。木石之重大者，輒撤屋毀垣以出。富厚之家，竭產哀訴，多搥石艾花，以避其禍。余家壽昌之河口，前堂樹梨一株，高數十尺，花時，香雪繽紛；中堂赤白榴各一株，結實甚美，先恭人並命伐之，蓋為此也。

陸海⑫

京中三十六坊，各有坊長。奉天府尹少尹，兼撫字廉察之任，卒壽昌、廣德二縣尉，判分治之。仍以重臣提領四城軍務，分正副二營，專掌擒防譏（稽）察。屋比人稠，多有火患，兼之貴游賭鬪，無賴篋胠，種種不可枚舉，殆古之所謂陸海也。安王時，阮尚書公沅秉政，分二縣為八區，置長區副區；五家為比，二比為閭，閭各有長；四閭為團，團置管監一，管默二，上隸於區，參掌於提領。蓋倣古人保助扶持之意。而防火、防盜、及一切傜賦，或以責之。以故，縉紳良家不屑其役，往往委之闤闠光棍與提領屬校，表裏為姦，受壓之民，不勝其擾。噫！生一事不如除一害，詎不信然。

京坊舊例，無庸調，計壓為率，不拘官戶、雜戶，每歲修旗纛壇，剗宮庭，供築作。輪番備棍、繩鉤、鐮、竹梯、火炬、木桶，隨提領官兵，宿直斥堠，科役甚繁。大略無錢不行，徒飽奸傖之腹。雖云：「扶本抑末」，然非太平之良法也。

左至侯⑬

中貴左至侯，順王時內侍。恩王靖難，漏網得不死。黨禁既弛，挾技往來紳宦家。狀貌雄毅，彷彿國老曄義公，而性涉風顛，往往使酒罵坐，惟袖中出青蚨，則咯咯然作鶉鳩笑⑭矣。〔又〕解按摩、度曲、雜技及風鑑術，尤善傳神。如京、鄜墅二太妃眞容，皆出其手。常至余家，一日値內集，先恭人指家長嫂問之，答曰：「婦人家能戴孝哭夫，方爲中饋終事。」又問余，答曰：「此子神情舉止，於尊大夫人⑮酷肖，年登周紀，恐不免陟岵之嘆，蓋神授之矣。」扣其窮達，曰：「異日必顯，然殊不似當今⑯人物。」當時，疑信相半，亦不置之胸臆。景興戊戌先長兄內悼。逾年，先大夫捐館，又七年而國變，侯之言信不誣也。顧余壯年失偶，作他鄉飄泊人，種種情頭，筆舌不能述。豈星相之說，有不可盡信也。

左至侯嘗爲先大夫傳神，蓋五十時眞容也。先大夫題五言排律於其上。余每瞻仰，不禁羹墻之感。憶平南時，潘公仲藩以大學士隨軍贊理。一日，侯携潘公行樂圖示先大夫，曰：「先生懷貴門人否，今行將返矣。」未幾潘公還，入僉都臺。

【校勘記】

❶ 此題目，甲本無，底本作「序」。據內文改。
❷ 甲本作「解」。
❸ 「而」字底本無，據甲本補。

❹ 甲本作「松種」。
❺ 甲本作：「思推」。
❻ 甲本作「至如」。
❼ 甲本作「西榮」。
❽ 底本作：「種白蓮」，據甲本補。
❾ 甲本作「攀」。
❿ 此題目，甲本無，底本作「序」。據內文改。
⓫ 底本作「越宮」，據甲本改。
⓬ 此題目，甲本無。
⓭ 此題目，甲本無，底本作：「陸海」，據內文改。
⓮ 底本無「笑」，據甲本補。
⓯ 底本無「大」，據甲本補。
⓰ 底本「當今」無，據甲本補。

山西寺景❶

先大夫參西承，余陪從遊任所。一日，登臥佛寺。寺在山坡中，前堂左右奉旃檀佛、龍神二位，中間掛竹簾；簾匝地，砌蓮花數重。花心一石長丈許，巉巗陸離，極力辨認，彷彿如人形仰臥，不知所從來。有云：舊爲道中水閘石，踐之者得病，祈禱輒應，始移今處，建寺奉之。又嘗遊遠山寺。山去司治，一望高阜，童然無雜樹木，頂上寺屋數十間，相傳爲古鈐大地。登山四顧遠近村落如畫。喝江繞其東，望之白鍊一條，由北而西，西而東，逶迤曲折。紛然如竹葉點綴練間者，行舟也；磊塊然如瓜子菴羅子，往來於沙中者，行人與村童驅牛也。至今垂三十年，山前風景，猶時在人心目焉。

地名因革❷

奉天府二縣，古爲國威中路。國威府中諸縣爲上路；青池、上福、青威爲下路；李、陳總稱威路。壽昌古爲永昌，青威古爲清威，青池古爲清潭；蓋清字避清王美字減劃，潭字避世宗同音諱改池。而中路，改奉天下路；青威改屬應天青池；上福改爲常州；永昌改壽昌。國史闕而不載，大約自黎興以後。

按，銳江發源慈廉之西儋，經青威青池，南與蘇瀝江合，二水中間斷岸，尖如鶴嘴，名其邑曰銳江，因以爲江號。而中則名清威江，曰威路；曰清威縣。左、右、上、下清威社，皆由此起。

又古江口坊，後改河口，地逼珥河，河水分流入蘇瀝江，歲苦頹決，莫可爲計，中興時度河口坊津以處北客。北客乞載石堆磯嘴于上流，水患始殺。沿河南下，漸孕浮沙，人烟輳集。由是太極、東河、東閣諸津，坊屋鱗比，而鹹槎二灘，及西龍津，迄今爲都會焉。

吾洪古爲洪路，後改爲洪洲，又分上、下二府。余縣裴舍監生阮律少遊其邑之寺，見一北製陶爐，底識「仁洪府唐安縣裴舍社阮某功德」，不知何時物也。吾縣與唐豪古合爲唐安。余曾問范公貴適，詢其沿革世代，公亦不得其詳。至如花堂原玉荀社棉❸村，中興之後，始爲別邑。徵之登科所載前賢貫籍，概可想見。

上福之蕊溪，古玉隈社，改稱蕊溪，從鄉賢阮公飛卿別號也。先朝狀元阮公直封翁，清威人，隱居不仕，別號具溪，後亦因爲邑號。

中興間，慈廉東鄂延慶寺，地中得古鐘。一銘稱「涷額坊，延祐寺鐘，延祐二年鑄，信官宋珍施金一兩。」文頗古奧，詢之故老，有云：涷額舊瑞香地，始析爲東鄂，若延祐之爲延慶，則避其宗諱也。鼎革後，潘公仲藩撰重修劵文曰：「鐘銘延祐之年，松茂長秋之蔭」，良有所指云。

嘉福〔之〕杜松、段松、陶松、范松四社，杜公汪富穀橋記所云「四松」是也。後避哲宗諱，改稱「四柯❹」。

安邦承宣避英宗諱，改稱安廣。新安、維新、新福，皆避敬宗諱，改新爲先。宣光道在襄翼帝時稱明光，今稱宣光，或疑避莫（諱）明德年號。然國初太祖皇帝實錄已稱宣光，要之不可考也。嘉興、歸化二路，合爲興化承宣，詳見風俗總錄。清華在國初爲清化，中興從今稱。

望江在陳爲鎭，屬明爲府，改三江爲三帶，皆不知始于某年。延河黎公貴惇博洽宏肆，爲儒林領袖，奉使時，曾謁廣西提學朱公佩蓮。朱公問：「貴國闉朗縣，今屬某道」，黎公不對。返詢之，則今延河也。洪德二十一年定天下版圖，高平府四州隸太原道。中興初，明人安插莫氏于此，分據四十七年，兵爭不息。擔米之謠，蓋當時征夫所作也。清康熙間，雲南鎮守平西王吳三桂反，莫氏爲之聲援，本朝移咨內地，提兵剿之，始別爲鎮，命武公榮進領督鎮。其後，相沿多爲文臣之任，與諒山略同，以其地接雲、廣，咨柬往復，非文臣，不能辨也。

他如富良改爲富平，沱陽改爲端碓，摩義改爲明義，古藤改爲弘化，粱江改爲端源，清潭改爲清漳，清沔改爲青沔，細江改爲文江，長津改爲嘉福，武寧改爲武江，清廉改爲青廉，神投海門今爲平地，大惡海門，今名大安，古賢古爲縣，而今併於隣縣，海東古有府，其後直隸鎮司，此類甚繁，不能徧舉。文獻不足，世俗罕傳，好古之士，往往爲之三嘆。

花草❺

古稱蘭爲王者香，以其太雅不群。非妖葩淫草所能擬也。九畹名目，至今不得其詳。姑即余所見而論，石蘭、青蘭不數得，素蘭亦未易購。冬蘭乃古蕙種，而俗稱蕙花，則野蕙草也。惟建蘭一種盛行，花瓣外蒼內白，微帶絳色，鷄舌點點如鷓鴣班，名曰玉桂。種之者加意珍惜，〔置〕之北窓花磁盆，擁以經煅糞土，或雜以角屑香茗滓覆其根，灌用魚腥宿水，拭翠剪凋，日至數四。抽葉青葱，有經❻二尺者，每箭至數花；臨風燃松脂香賞之。時以葉之長短、花之繁寡相睹。噫！豈花之本色哉！殆以肥紅濃艷視蘭，而不以蘭視蘭也。昔靈均行吟澤畔，紉蘭而佩之；夫子停車幽谷，援琴雅歌，嘆蘭之芳，不見知于世；而蘭始以國香名。當時湘、沅江上，龜蒙谷間，雅操幽香，伍於衆草，顧安從得培擁、灌溉之助，而結知于大雅哲人耶？況濃爲淡仇，香與臭反，糞土、魚腥之穢，雖閒花野草尚不堪之，而謂絕品名花胥此途出，吾蓋不之信也。若曰糞土既焦，魚腥水久亦無臭，烏能爲國香之仇，則用既敗之氣，以資草木之發生，緣木求魚之愚，當不如是。至於焚香花下，已經笠翁力辨，無容再拾唾餘。茗滓覆盆，則花根常濕，陽氣之所不及，結花遲而香力倍減。惟剔蠹去蟲，自不可闕。蓋草木之性，淡者愛靜，香者惡濕，倘種藝稍失其所，使蝝蟊賊之於外，蟲蟻戕之於內，葳蕤弱質，能不爲其所傷乎？故曰：「剔蠹去蟲，二者不可闕也。」然亦有說焉，濃肥者蟲蛆之聚。語曰：「木腐而蟲生，羶腥而蚋集。」不惟可以喻大，即栽花種樹之術，亦當如是。觀彼曰以糞土擁之，魚腥灌之，而望其蟲蠹之不生，吾恐且伐之而不能勝也。

余少年多蹇，糊口于四方，不暇留意花草。然每過同人齋頭，輒低回花盆❼竹影間，不能自止。嘗疑建蘭葉茂而神粗，花繁而味薄，笑曰：「屈平燕姞前身，不應如此」，豈古人之論，別有所指，而今人姑借此種爲誣案歟？乙卯、丙辰間，偶訪一友，入門香氣蓬勃似蘭花，而後拔之，味勝之；初不解爲某種，及造客堂，見建蘭初放，破盆确土委置階城間，枝葉離披，長僅五、六尺❽，花小而瓣薄，其色甚淡，芬芳襲人。余乍挹天香，不覺極口稱道，而主人方以不遑培養，赧赧致辭。余始悟世人於蘭，賞之以目，而不賞之以鼻，殆亦得花之形，而非得花之神也。夫瓦盆非山谷之幽，市廛非落村❾之地，稍安幽靜，便發如此奇香！則湘蘭之佩於靈均，谷蘭之賞於夫子，雅調高風，昭映千古，古豈欺我哉！此可爲知者道耳。花草木石之玩，漢時已有之，歷代相沿，日新月異，金谷、輞川、綠野、平原之勝，至今爲天下美談。蓋古人神遊物外，而世教天倫有不容忍，故假叢花拳石以寄高懷，隨地而樹，累塊而山，使榮枯代謝之機，峻拔崚嶒之狀，時呈露於庭除戶牖間耳，曷嘗物物而致力哉。其後，世變既降，人心漸漓，木之直者，劈劃而拳曲之，石之堅者，斧斲而瘦漏之；人工愈加，天趣愈遠。夫理無不在，即物可以觀人。江上公以道貌淵粹，取重於漢文，而樂廣、衞玠，氣爽神清，往往爲流輩所稱道。至刀鋸之餘，駝尫瘻瘤之賤，仁者矜之，不仁者侮之，仁者食之，不仁者擯斥之，未聞進之几席之間，而樂與之笑談也。獨於玩物，則故拂其常性，豈理也耶？然亦有可諉者，化工造設之妙，物有不同，如泰山之松，闕里之檜，姑射山之枝，英丹、洞庭湖之石，新奇古怪，不可名狀；古人筆之書畫，後人得之傳聞，臥遊不足，而欲親見之，按圖印本，伎倆日生，曰此肖某家老樹，彼肖某家孫枝，此倣某處懸崖，彼倣某處飛瀑，刻畫摹寫，雖失其本眞，而嗜古好奇，猶可原也。嘗怪近世之好花石也，率用臆見，務勝前人，而不悟其反拙，操木堆石，求類物形，爲龍驤，爲虎伏，爲獅子笑天，爲麒麟踣地，種種名色，不可徧舉。夫使木石盡如禽獸，則造⑩物無乃技窮，而亦何可⑪玩之有！譬之龍虎蹻踞，麟獅吼怒，與夫蛇神牛鬼⑫，環集于一室之中，觀者能不閉目吐舌而悸走哉。而世觀以此相高，則余之所不解也。

【校勘記】

❶此題目，底本作「陸海」，甲本無。今據內文改。
❷此題，甲本無。
❸喃字，相當「棉」。
❹甲本作「四林」。
❺此題，甲本無。
❻甲本作「高」。
❼底本無「花盆」。據甲本補。
❽甲本作「寸」。

❾ 甲本作「村落落」。

❿ 底本「造」字無，據甲本補。

⓫ 底本「可」字無，據甲本補。

⓬ 底本「鬼」字無，據甲本補。

學術❶

書籍所載，如禹聞昌言則拜；周公赤舄几几，自視歉然；顏子以能問於不能，有若無，實若虛。夫禹、周皆能及天下，顏子雖窮，猶能身傳道統，有功於後世，而顧自處於極卑之地若此，豈矯情飾貌，以干世譽哉！誠謙謙之至，不自知其聖也。

近世之學，專事口耳，於修、齊、治、平全不相關。而淺夫俗子輒昂然自詡，無論部屢之才，不可以語霄漢。使果然有得，僅足以榮其身，肥其家，蔭其宗黨而已矣，烏能致主澤民，以及于斯世哉！況學術不正，究之于用，必誤天下蒼生。人將督過之不暇，而何可驕加人也？嘗見拘儒曲士以末技自鳴，扼腕攘臂於父兄賓友之前，謂公相可立致。及其終身黃馘，則貿然怨造物之不平，罪有司之失選。往往形之篇什，甚至斥當世之顯者，以為皆昏夜乞哀中人，沒齒而不自悟也，不亦可哀乎！

余少孤失學；及長，復理舉業，每為輕薄子所揄揶。追思古人以（己）所不欲之戒，誓心不蹈覆轍，而言行未免尤悔，人或以此擬我。他山之石，敢不奉為指南。

字學❷

我越字學，自丁、黎以前，不可得見。李、陳而後，取法宋人，說具安南紀略。今所可考者，如勇翠塔碑，佛蹟山天福寺鐘刻，唐安、郲溪、三廂周公別業碑，皆筆畫遒勁。至如東花門匾，係李朝御筆，天然雄秀，迥不猶人，而撇捺勾挑，已胎南字之祖。

大興門匾，乃洪德時製，眞、楷相雜；古法至此一變。莫延成問，沱國公女莫氏建貝庵寺，磨崖勒銘，字畫彎頭打脚，與今南字相似，惟左昂右劣，差爲可怪！想國初及莫氏書法大略如此，近日順、廣字體近之，亦存古人之舊也。

中興以來，業舉子者從事古楷，增損訛僞，半失其眞，謂之儒字。官府文移，別用南字；詢其始別，蓋防民間冒僞，故置華文字學，俾昭南字❸；六年一閱，中者，充各衙門書寫。然冒僞者類皆胥吏之所爲，宿弊日滋，官長不能禁也。眞、草、篆、隸久無師傳。間有習之，率用臆見，潦草塗鴉，彷彿畫工之著色，閱之令人掩卷。景興中，聖祖盛王始嘉北字，學者稍變南字以逢（奉）之，不拘某字某體，只取粗直、方勁以合時眼。有一字而參用篆書之點、隸書之挑、眞書之弩勒者。或遇繁畫，輒借草字以通之，謂之「對聯字」。草書則祖舞劍體，湍捍粗鄙，全無翰墨之致，謂之「題詩字」。他如眞方、眞行，老草、嫩草❹，大篆、小篆，古隸、古籀，小紀、小楷，皆以類推。裔攔及瑤琰輩，以此鳴名于時，後學奉爲師法。平居相語曰：「此爲瑤先生宗派，彼爲瑤先生緒餘。」侈然自居，前無千古。有問及古今諸家字體，則絕然不知。夫胥吏之學，務以干世，固無足言。

余竊悲近代士大夫之不一留意于此也。古者「禮、樂、射、御、書、數」並列於學宮，少而習之，長而究之于用。秦漢而下，以書名世者，代不乏人。漢之蔡邕、鍾繇，晉之衞夫人、王羲之父子，遺韻餘風，前後相繼。唐文皇以萬乘之貴，酷愛飛白及梁武帝、王逸少諸書。當時名卿鉅公，如魏徵、褚亮、虞世南、褚遂良之徒，下逮顏、柳、韓、白，亦各自名家。有宋三百餘年，先儒輩出，周、程、張、朱、眞、魏諸君子，與夫二蘇、黃、宋墨蹟，至今如新，未聞以此而掩其勳名德業也。

我國文獻與中土無異，獨於字畫之學，委爲胥吏之事，而不一留意者何耶？

余友黃君希杜，原籍粤東之新會，其父始來山南華陽鎭，遂爲南人。性警穎，稗官野乘，涉獵殆遍。兼嘉吟詩，漢、魏、三唐、宋、元、明諸家詩集，經目成誦。嘗詠建蘭云：

羅綺叢中曾見夢，
芬芳❺譜裏獨稱王。

又云：

珍重莫嫌知己少，
騷壇久已入平章。

客中聞雁有云：

此回若向鄉閭過，
為報秋來菊漸花。

可以見其爲人矣。幼善行草，得米南宮、董其昌心印。提管縮縮，似不能書，及落紙，姿態嫣然，有桃花帶雨，楊柳拖烟之致。知交讌集，雅不知倦。及論及近時書體，輒默如也。余家藏蘭亭、多寶二帖石刻本，因出以贈君，君嘉曰：「此王、顏二賢名墨，惜刷坊紙墨差不中窺耳。」每窗下臨摹，愛之不能釋手云。

茗飲❻

茗飲之始，詳見堅瓠諸書。盧、陸諸家造樹赤幟，王、宋始見鐺鼎瓷器。然大約皆煮泉泛茗，如介甫之品陽羨茶，子貼之潑密雲龍茶是已。明清而後，其製精，其用周，毫種、松焙諸色，與夫甌壺、瓷碗、炭火、爐銚，無不經營慘淡。而武夷茶、成化窰、陽羨砂壺，遂爲天下絕品。俗尙製，間或不同，亦不出此數者而已。至于蒙頂、雪牙、紅心、泉窟，雖中州人士未得遍嘗，蓋未可以臆論也。

我國嗜好與中國略同。余生長景興盛時，宇內無事，戚里公侯紳弁子弟，以侈靡相高，一壺一碗之費，至十數金者。每經遊茶肆，繫馬商纒，白緲青蚨，從者相屬；閒居對啜，或賭茶侯之早晚，或猜市價之低昂。彼愛花❼香，此喜後味；傾壺覆碗，指號索名；甚至下定金以購正山，賃商艚而陶新器。種種好尙，可謂極矣。然茶之眞趣，豈在是哉！蓋茶之爲物，其性介而潔；其嗅清而香。風晨月夕之暇，瀹而薦之，與酒陣詩城，相爲主客，可以醒幽夢，可以浣俗腸。古人尙之，良有以也。近代以降，賞鑒日精，味之稍別，製之稍佳者，類以別之。而爐鼎甌瓷，亦各取其適用。然而刊經類譜，識者尙厭其煩。若乃味雙槍於蠅蚋之場，歌七碗於圜圚屋，塵囂聒耳，俗慮縈心，雖宋樹盈甌，古窰奪目，吾不知其眞趣之所在也。茶僊(仙)可作，當不以此言爲誣。

歲戊午秋，余就館河柳之慶雲村。在京諸生，時相問遺，雖蔬水不甚裕，而茶品未嘗闕也。慶雲處蘇瀝下流，北接春泥，南臨杜河，黃舍、寧祝、紫沉、南公諸山遙拱其西，月蓋、大蓋、柳內、柳外皆在指顧之內。地產荔枝，扶蔞村，郭林溪頗稱幽勝。蒙課之暇，輒與鄉表蘇儒生携爐雲寺，或登邑西之三層岡汲泉細瀹。浮雲聚散，野鳥鳴啼，與夫草木之榮謝，行旅之往來，往往寄諸篇什。館後枕蘇江，循堤北上，至蕊溪橋，即村人納涼之所。一夕，余偕蘇兄登橋觀漁槎網罟，兩岸樹影參差，波澄月小，偶坐叢談，不覺心神俱爽。荏苒數四年間，余既解館，而蘇兄亦已物化。錢牧庵所云：「山水朋友之樂，造物不輕與人，殆有甚於榮名利祿者」，不其然歟？

康熙以後，始以瀹茗代點茶。大略，茶❽碗貴小且薄，取其發香呈味；壺注直，則出水不留拌（盤）面平，則放盞不側；爐底之竅厚而疏，則火性常❾烈；銚心之上，凸而薄，則火氣易通，所謂「始粗終精」是已。近代用銅爐銚，製頗工巧，而金火相逼，時帶焦腥，不若陶瓦之爲佳也。然權門富屋懶於自煎，每每委之僮僕，取其易用難毀，不得不代以銅，此固不須贅筆。景與問，蘇州火爐南來，俗爭傳尚，與北炭均爲茶客必需之用。近有悟其術者，罨火而炭，摶土而爐，與北製不甚分別，久皆羨❿之。余因慨夫前此秉國者之未嘗留意于煎民也。

【校勘記】

❶ 此題目甲本無。
❷ 此題目甲本無。
❸ 以上四字底本無，據甲本補。
❹ 此二字底本無，據甲本補。
❺ 甲本作「苓菲」。
❻ 此題目，底本甲本皆無，據內文補。
❼ 「花」字底本無，據甲本補。
❽ 以上三字底本無，據甲本補。

❾ 底本作「不常」，據甲本略「不」字。

❿ 甲本作「便」。

地脈人物❶

嘗按內閣版圖，而見我國之山川形勝，視中州不多讓焉。蓋崑崙之脈，入中國者三大幹龍：一循黃河而北，爲甘肅、山西、山東、直隸諸州；一循岷山❷而東，爲川、陜、河南、湖北、江右、江南、閩、浙諸州；一循黑水南流，過吐蕃、雲南、緬甸、河僊，放于南海。黑水之西爲吐蕃、三佛齊、眞臘、緬甸、大食、扶餘、暹羅、高綿、西羊諸國；黑水之東爲雲、貴、湖南、兩廣、老撾，至小崑崙別爲少祖。入我國又分三支：右支越沱江爲興化、山西、山南上、驩、愛、順、廣，又散爲海中諸山，猶中州之有雲、貴一帶，而止于瓊崖也。左支越宣光爲高平、諒山、安邦，又過海爲洪潭大人島，猶中州之有甘肅❸、山西而止于登萊也。其中支則自三島山而下，彌漫連路，爲太原、京北、中都、海陽、山南下處；而昇龍、古碑適居其中，猶中州之有川、陜、河南、荆、湖諸省者也。若夫喝江以經其南，昌江以經其北，而富良大江蜿蜒於南北之間，非中州之所謂江、河、淮、濟者歟？故曰：我國之於中州，具體而微者也。

自貉雄啓❹宇以來，十八子之古樸，東阿氏之忠厚，光順、洪德之治教昌明；世代風氣可考也。蘇忠憲之忠誠，朱文貞之問學，阮忠彥、莫挺之之文章，阮薦、阮維時❺之經濟，阮秉謙、馮克寬之理學，李翁仲、姜公輔之勳業，褚童子、董天王之神奇，與夫香積、竹林之禪宗，安期、范員之道行，山川英秀之氣，鍾爲人物，歷歷可指也。

至於珊瑚、玳瑁、文貝、蠙蛛之出於海濱，肉桂、沉香、胡椒、薏苡之產于山麓，古法之山藥，超類之荔枝，膠水之香附，鴻嶺之人參，山西〔之〕❻生漆，宣光之禹餘糧，清華、乂安之鐵林、鐵撻，永賴、四岐之綿布，羅溪、安泰之綃綺，金銀銅錢之壙，魚蝦鹽鹵之鄉，禽中之孔雀翠羽，獸中之犀角、象牙，間有內地之所無者。

謀國者，能因自然之產而能善用之，製作之利，服用之需，較之中州，想亦不甚相遠。況天地氣運遷轉不常，洪水甫平，兗州之賦最薄。逮至西漢，而關中漕粟或取給於山東。隋、唐之後，地氣漸南，江、淮遂為樂國。及宋考亭出於新安，文山生於吉水，明瓊山、剛峯、白沙諸子，接武於桂廣之郊。今羊城瓊州，人文物巧，駸駸與三吳並，而河、濟以北漸為氈裘之域。此事而論，則我國之氣運，又豈易量耶？

余常欲於羅溪、安泰、鉢場、竹批及沿山諸社揀取年少俊童，薙髮變服雜之北歸商侶，各携銀幣，游客中州，或往虎畷陶窰，或來金陵緞舖，與之居處，習其智巧，兼諸閩、浙、荆、陽各省，採買茶藥，徧察土宜，業成而歸，分授以事。其他服食器用，以此例推，不出十年，可以各精其業。而有其時無其志，有其志無其時，天下之事，恐非區區之所能僭談也。

地理家諸書多謂崑崙龍分三幹，一從黃河，一從岷江，一從鴨綠江。以余觀之，江河二幹故是；而鴨綠之說則非也。夫崑崙在中國之西，東出為岷山之龍，南出為黑水之龍，北出為黃河之龍，西出為若水之龍，載籍歷歷可考。今截然指為三幹，已見其說而不廣。況黃河自崑崙北流千里，彎抱河湟，而東至龍門，始南入中國，經華山復北立青齊，逶迤數四千里。而鴨綠在長白山東南，去碣石河之北，三千餘里。就使其源果出崑崙，當在河源之西，若水之北，迂迴西域、漠北、東夷而後入海，約經中國西、北、東三方，計程倍從黃河，當為二萬餘里。漢時張騫窮河源，衞、霍輩❼深入匈奴；元時又得河源，經張騫所未到地。明、成祖征漠北，軍行之處，四顧北斗在南。清康熙中有奉使出口北者，地屬北海，海水凍結，望之一如瓊瑤，若寒砭骨不可臨岸。乾隆時，熊主事踏勘西域，周行萬里。凡〔此〕❾數者，皆不聞過鴨綠。西戎、北狄諸國譯書，亦無此水名。惟女眞、韃靼、朝鮮北有鴨綠江，則此江非出崑崙明矣。近代❽金、元、清皆以長白爲祖山，業風水者以其龍氣所鍾，能爲中華君宰，必非尋常枝葉。〔余〕忖度以爲山脈出於崑崙，而水從之耳，因併及之。

中秋望月❿

余館慶雲一年，己未之秋，將返京寓。八月十五夕，與慶雲蘇儒生，大蓋黃儒生，會于村墟之孤館。夜向午，一、二相知從蕊溪來訪，啜茗細談。河漢無雲，樹影在地，遙望銳江、養賢諸邑，有放飛爆者，流星點點，上下雲霄間。諸君相視大笑，至今思之，未嘗不神往也。

【校勘記】

❶ 此題目甲本無。
❷ 甲本作「江山」。
❸ 底本作「甘泉」，據甲本改。
❹ 底本作「爭」，據甲本改。
❺ 底本作「畸」，據甲本改。
❻ 底本無「之」字，據文義補。
❼ 底本無「輩」，據甲本補。

❽ 底本作「來」。據甲本補。
❾ 底本無「此」字，據文義補。
❿ 此題目底本，甲本皆無，據內文補。

樂辨❶

記云：「大樂與天地同和」，至矣，樂之爲德也。稽諸經籍，有六律、六呂、五聲、八音，起於上古，而大備於周。及秦典籍散亡，漢興，高祖不修文學，叔孫通戚夫人輩，爭以淫哇鄙〔俗〕之音逢迎其好，而古樂❷廢壞，不可復理。然鼓翟之家名世其業，雖不能盡知古人製作之旨，而節族聲音，猶未盡變。智慧之士，間有得其緒餘。伯喈、焦尾之音，正平、漁陽之曲，稽康之廣陵散，桓伊之三弄笛，至今膾炙人口。其後學者不得其傳，樂史之後亦寖失其本領。箜篌之悲憤，琵琶之哀怨，胡笳羯鼓之慷慨激烈，又從而雜亂之。魏晉之末，氐、羌❸接迹於中原、華夏之聲僅存於江左者。再壞於宋、齊之疎散，陳、梁之淫薄❹，隋興合而用之。至唐始命祖孝孫定雅樂，載於唐誌，有六十調八十四聲，略備五正二變之例。而大食龜茲雜於夷末，僊侶道調涉於鬼神，其他樂器，胡漢之音相半。再傳之後武媚娘桑條韋❺、紫雲迴、雨淋漓❻諸曲，與夫天竺疎勒之樂，色鷄、屈拓之詞，種種不可枚舉。而正聲至是無復存矣。降及五季，干戈糜爛，耶律氏瞰而剽之，歷代彝章書爲所掠。柴周搜輯未臻大成。宋之太祖、太宗不復留意於樂。後之議者爭辨（辯）紛紛，或取信於玉笛之鈿；或偏主於土圭之度，古尺今尺，靡知適從。樂志、樂書、背馳不一。至羊角山黍之大小，周元、通寶之頑圓，胡瑗、范鎭之討究不同。寶常、漢津❼之怪誕相襲，搜剔愈密，愈失其眞。周、程、張、邵又不獲一試于用，雖有九峰新書之作，識者猶或非之，所謂聚訟之家，蓋不惟議禮者爲然也。

我國言語與中國稍殊，李、陳之時習俗尙質。朝廷每奏國樂，時亦傳習北樂，而各自爲用，不能相通。先朝洪德間，聖宗皇帝，天縱聖明，當時大臣如申仁忠、杜閏、梁世榮諸公，學問賅博，接武登朝，如講求中州聲律，被之國音，分爲同文、雅樂二署。同文主於音律，而雅樂則以人聲爲尙，皆太常僚屬。至於民間之樂，置教坊司掌之。雅俗秩然，不相參雜。然官不世授，典故罕存。光興之初，內殿徒擁虛器。同文雅樂二署，惟郊天及朝賀大禮用之。樂吏之子孫，多失其業。廟朝所奏，鏗鍧（碻）亂作，不復知有腔律。而教坊俗樂，大行於世，郊廟朝賀，下及民間享神，比比皆然。樂工習爲淫靡之聲，其所奏腔調，以漸而變。考之洪德禮部，亦多不合。太常久爲序遷之官，而考坊則以近習掌之，無能正其誤者，波頹風靡，莫知其所由來。

有游心聲律者，反從樂工受業；俳優得志，肆爲奇譎，務以駭人聽聞。常見縉紳子弟，頂圓冠，曳方履，周旋樽俎間。而怡聲恭色，求媚賤工，惟恐爲其所誚。甚者習其口吻，法其步趨，以自侈于儕輩。彼拂絃按拍，執役而侑酒者，方且公然嘲謔，目無其坐上人，不有作者出而正之，殆不知其流弊之所止也。

光興以來，同文、雅樂所用，有仰天大鼓、大吹、金、竹諸吹，龍笙龍拍，三、四、七、九、十五絃，琴、笛、管、單、面鼓，薄嗓、金漆鼓，串錢拍之類。阮公沆登朝時，曾就二署究其典故，終不可得。故正和會典，於樂官尤爲略，世變然也。

洪德音律，大略有❽黃鍾宮，南宮，北宮，大食宮，陽嬌律，陰嬌律，及河南、河北八段錦諸曲。近代教坊所習，黃鍾宮訛爲璜宮，大食宮訛爲大石，陽嬌訛爲橋楊，河南〔訛〕爲蛇南。其所謂彈禮喝層砌樂，則係新增。而誦賦寄詩，又摭取五言諸調雜就之，全無偏次。至其所謂綵古初者，蓋略存古教坊腔調，間以新聲。景興以前，猶多能爲之者。鼎革以後，老教坊間或能之；識者或以命諸少艾，輒咋舌退避耳。

國初軍中之樂，有鼓吹騎士，分隸諸衞，及五軍把令官。中興以後，始別為把令隊，掌於王府私人。官府所用，及民間喪祭，皆把令隊為之。同文樂工，非有特旨者不得用。

唐、宋而下，樂之支流，別為輓歌、扮戲二種。輓歌者凶肆之徒，挽轝而歌，率❾為哀悲愴之音，即古薤露、蒿理之餘波也。扮戲者教坊之子弟粧演列國、三國故事，以侑酒樂賓，即古侏儒優孟之濫觴也。元、明之世，惟扮戲盛行❿。文人才子往往隨事加文，以發洩其牢騷瑰磊之氣，如西廂、琵琶、牡丹亭，及古今諸稗官小說，名⓫類繁多，不能徧舉。

我國李時，有宋道士南來，教國人歌舞、戲弄；蓋亦扮戲之類。至今教坊參用為八段錦，俗音訛為扒段。

陳朝國喪奉梓宮歸山陵，士庶觀者塡塞宮殿，龍循不得發。當事者倣古輓歌，為龍吟曲，雜引道路折旋升降之節，被之聲音，使相告戒，命扈從軍唱之；觀者聚聽，遂引梓宮下船。後世祖之，始為輓歌。每歲盂蘭節，喪家輒集歌者歌之，以侑七虞。其聲哀思，聞者為之⓬心動，俗名為倍歌坊⓭。

景興中，業輓歌者雜用扮戲嘲謔歌舞，無異戲場。哀絰之家，侈然以此誇耀。政府官惡其吉凶雜揉，累傳禁戢，幾十餘年，庚戌以來，民間復有是戲。良家子弟，多棄業從之，巾幘衣服，一如婦人，平居無事時，每曼聲度曲，對客靦然，曾無愧怍。睹鬪鷄酗，胥焉而生。習俗至此，良可嘆也！

教坊樂器有長筑，剖竹為之，似匾擔，長可三數尺；每樂工悉集，惟⓮一老婦擊筑以節衆樂。餘如竹笛、腰鼓、帶琴、荻鼓⓯，皆管甲及諸丑末司之。竹笛俗名哨，與衆樂參奏，而不能孤行，以工之者少也。腰鼓俗名飯鼓⓰嗓如小桶而長，兩面相應，臨奏傳以稻飯，始能諧聲。

笛管俗名卷。二者合卷、孤行，皆可人聽，亦有一藝擅場者。帶琴俗名底彈⑰，蓋中州三絃琴之流，而方底長槽，槽間竹徽一十有六，視三絃較〔異〕。管甲登場，以紅巾挂腰際彈之，與陶娘唱和，隨歌調升降，剛柔應聲；顧其聲稍下，不能駕出人聲耳。陶娘所執有節拍，俗名笙；有串錢拍俗名笙錢，皆按之所以相歌聲。又有單面鼓，俗名片鼓⑧，鼓製小而且薄，飾以金漆，其聲碎蓬翕闢，陶娘初上及轉折則敲之。大略諸樂與中土不同，而其高下清濁出入轉合，各備五宮七聲。至於折旋變化，別其移宮換羽之妙，非深於聲律、與夫南北習尚之殊、山川風氣之限者，不足以語此焉。余以是知先朝之製作，極深研究，又未易以輕議也。

宮中之樂，俗稱權門歌⑲，與古教坊大同小異。有竹笙俗名枯彈⑳，製爲方桶，上寬下殺，彷彿古木柷狀，面排竹片鱗比如床第然，雙槌櫟之，其聲雜應。啇角有鐵絃琴，方折類琵，嵌以玳瑁、琿璪，奏時兼用搊扒。九絃者，俗名九絃彈㉑；七絃者，俗名七絃彈㉒。有箏似鐵絃琴，紐絲絃一十五，搊以銀甲，或用蘆花穗切之，並與衆樂參爲八音，實非古之八音也。宮中歌聲纖麗，婉轉，視教坊差雅，然其音律亦不甚相左云。

古琴一種，我國惟陳時阮士固能之，其鼓琴則先剪絃頭紫摯，而後入曲，大略概可想見云。

把令隊，有鼓有鐸，又有蜂腰鼓，類腰鼓而一面，尾粗腰細如蜜蜂然；聲之輕者，爲「尋」，重者，爲「蕆」㉓，俗因名爲尋蕆鼓㉔。有吹管，俗名簑，以荻爲之，視教坊荻管較短，承以竹管，旁穿七孔，按七聲，趺用黃銅，或編竹漸次漸大，間飾以漆，蓋古馬上鼓吹之遺。有小吹管，俗名小簑㉕，承管只穿五孔而無趺。有蟲卷吹管，俗名祖螻簑㉖，單用荻管而已。

大抵廟祀之樂，其聲莊雅；凡迎送灌獻，以及升降祝嘏，各隨禮意而宣揚之。臨喪則爲悽愴之音，其制差不同也。近日業吹管者爭爲怪謠㉗，以博世俗之譽，凶禮所奏卒爲兒女哭泣之聲，聽者輒加嘆賞。大樂以合禮，致嚴致哀，曲盡其妙斯已矣。至於聲之悲慟，則苦吹之嗚咽皆是也，曷不靜而聽之？聲之詰屈，則窮民之暗啞皆是也，曷不登而奏之？而顧求肖于一管，以亂作者制作之初意哉！噫，有守官者之不得其職，蓋不止于鼓吹之賤工也！

天地間自然之聲有五，曰商、宮、角、徵、羽，與變宮，變徵而爲七。我國言語音響與中土不同，然絲聲有「性、靜、情、精、嵩、藏、臧」；吹聲有「僻、陰、餔、寂、卒、徂、希」，大略亦不出於七聲也。

【校勘記】

❶ 此題目甲本無。
❷ 底本無「樂」字，據甲本補。
❸ 底本無「接」字，據甲本補。
❹ 甲本作「淫蕩」。
❺ 底本無「章」字，據甲本補。
❻ 甲本作「淋鈴」。
❼ 甲本作「律」。
❽ 底本作「自有」，據甲本刪。
❾ 底本無「率」字，據甲本補。
❿ 甲本作「盛事」。
⓫ 甲本作「其」。
⓬ 底本無「者為」，據甲本補。

⑬ 底本作「坊掉倍」乃喃字音讀，相當「倍歌坊」。
⑭ 甲本作「推」。
⑮ 甲本作「管」。
⑯ 底本作「⿰弁鼓粓」乃喃字音讀，相當「飯鼓」。
⑰ 底本作「彈帶」，乃喃字音讀，相當「底彈」。
⑱ 底本作「⿰弁鼓猛」，乃喃字音讀，相當「片鼓」。甲本作「丐鼓」。
⑲ 底本作「喝闌權」，乃喃字音讀，相當「權門歌」。
⑳ 底本作「彈枯」，乃喃字音讀，相當「枯彈」。
㉑ 底本作「彈九絃」，乃喃字音讀，相當「九絃彈」。
㉒ 底本作「彈七絃」，乃喃字音讀，相當「七絃彈」。
㉓ 其「尋」、「嵐」二字，乃喃字，指音聲。
㉔ 底本作「⿰弁鼓尋嵐」，乃喃字音讀，相當「尋嵐鼓」。
㉕ 底本作「⿱竹虔小」，乃喃字音讀，相當「小虔」。
㉖ 底本作「⿱竹虔祖螻」，乃喃字音讀，相當「祖螻⿱竹虔」。
㉗ 底本作「為譎」，據甲本補。

禮辨❶

朱子訓「禮」字，以爲天理之節文，人事之儀則。蓋凡人倫日用，動而有則者，聖人次第而品式之，莫非天理之所在，非故爲是繁縟，使人之難曉也。中古以降，世變風移，因時爲政者，準古施今，使之不悖於道。於是節目日繁，講求者或不得其說，甚至目爲聚訟之家。朱子始輯士庶所需之禮，爲冠、婚、喪、祭四篇，合通禮爲五，爲說明易，迥出諸家。其不及於朝廷郊廟者，良以經典具存，不敢以議禮自居也。

我越自內屬時，循用漢禮，久而寢失其眞；釋、老、西洋之教，又從而雜亂之，而禮遂紊矣。有國家者，苟置之不講，將以爲政，不其雜乎？

冠禮❷

冠禮久廢不行，長幼老少又不甚分別，平居交際率以分相加，忿爭、仇怨多由此起。有年未弱齡，輒齒於黃台之列；有歲在髫齔，妄躋於成立之班。簪笏之間，早晚而凌長行；戚里之家，以子姪而臣諸父。乃至壽同樗櫟，謾加倨於國人，品在等夷，却自高於儕輩。謬雜相習，莫知適從；欲有❸以易之，非反其本不可也。或曰：「冠禮必用三加，今國俗推髻，緇❹巾竟爲虛設，幅巾亦不常用，幞頭爲仕宦中人不得戴之，女子久❺從無簪髻之飾，子欲復之❻，余恐辴然之笑，不徒見於唐人也。」是亦不然。古者男女年逾丫丱，於是乎冠之笄之，而責之以成人之道。三加之服，曰緇布冠，曰弁、曰冕。至宋爲緇布冠，爲幅巾，爲幞頭，蓋取其禮，非必拘其制也。我國無緇布冠，而包頂亦所以歛髮；或時帶幅巾，幞頭非未仕者所宜；而丁字帽皆可通用。豈古之弁冕，可變爲宋之幅巾、幞頭，而不可爲今之包頂丁字帽耶？至于女子從無簪笄，而羅巾釵鈿，通爲首飾。苟有志於執禮，師其意而不泥其文，斯亦可也。雖然此特爲士庶之好古者言之，若夫英君賢佐，得時大行，則又非常悟俗套之所能限也。

近代禮學不講，惟登鄉薦者，始從座師演習拜跪儀禮節，其餘略不經意。常見縉紳子弟，容貌韶秀，服飾高花，及加冠委佩，攝祭酬賓，則舉止失措，縮縮然如新婦見公姑，不免貽笑世俗。有欲反之者，輒矯情飾僞，戲謔嘲笑，以亂其實，而不知莊隋造次，欲蓋而彌彰矣。禮其可不學乎？

古者束髮于頂，以緇布冠固之。故弁之尖，冕之桶，冠巾之重臺，皆爲藏髮之地。我國散髮而峩冠，於義無取。而變俗移風，非王者之必世後仁不能也。

婦人古有冠髮，我國只用羅巾歛髮，其見尊長，則散垂爲敬。顯宗時，宮人始戴側髻冠，其製圓而重臺，惟常侍時戴之。至于奏樂，仍用圓樣丁字，與王府侍嬪無異❼。外庭命婦，則未定制云。

丁先皇始製四方平定巾，其制方而平頂，以皮爲之，蓋軍裝也；後世變爲六稜，而殺其上，製用紗漆，是爲祭服，曰：平頂帽；又剜方爲圓，折直爲曲，爲朝侍通用之冠，曰「丁字帽」。正和保泰間，阮相公沅，再加區別：平頂帽，自公相下至吏士，各以制之高低爲等級；而御服則以金線別之。丁字帽分而爲三：圓體平頂，織用馬尾者爲上，銷金飾額，微示等差，皇上主上燕閑，及皇子王子常侍視事戴之；六稜而頂凹，制用南紗者，爲內監常侍視事之服；體圓縮縫，制用青吉布者，爲士庶吏軍通用。時遇國卹，則大臣常侍視事亦戴之，其體各不同也。幞頭巾，蓋古人燕居之服，見溫公獨樂園行樂園圖。明太祖既滅胡元，做古定制，始爲文臣大朝之冠，或稱爲「進賢冠」，其實非也。康熙二十一年，阮相公沅北使，訪求故明典憲，回國典定章服，與雲錦圓領，遂爲文武大朝通用之服。若常侍視事，則文用涼巾，武用燕尾巾，則公沅所制也。

余少時見前輩燕居，常戴馬尾包頂，其製圓而頂平，高一尺❽許，或戴八儸巾（士庶之家），則八儸巾、幅巾皆非公服也。八儸巾用紘緞或紗絁，頂平，上裁菊瓣數重相襲，周匝襞褶，如古之竹冠橫帶勒額，垂其末于腦後及兩耳，如垂襜，蓋倣包頂而加文也。幅巾製用方巾，折摺爲之，詳見家禮。

婚禮❾

婚禮自庖羲以來，群聖相因，其制大備，詳見儀禮、禮記諸書。文公集而約之，略財幣而重聘問。六禮之設，各數雖繁，而中人以下，皆其力所能任也。

我國自王公卿相，至於士庶之家，惟行問名、納聘、親迎三禮，大概以銀幣爲主，儀服次之，而擇配論德之意，罕有存者。文中子曰：「婚娶而論財，夷虜之道也，君子不入其鄉。」吁，可慨矣！古者男家發聘，女家復書，而周旋於其間，媒氏而已。今之俗則不然。自初婚至于成禮，男家則舉族以行❿；而「之子于歸」，女家亦擧族以往⓫；儀幣服食，取美目前。有婚嫁未完，而田產盡傾者。夫！嫁女之家，三日不滅燭，思相離也；娶婦之家，三日不擧樂，思嗣親也；古人于人倫之本，風化之原，務使不失其正斯已矣，豈可徒爲耳目觀乎？

儷皮之儀，至周始有婚書，後世又有庚帖；蓋即問名、復書之遺體，而加文之，亦古人待衰世之意也。

我國無書帖，蘭萑捨禮數而用錢銀，已爲可鄙。況輕重多寡，民俗靡常。兼之閭巷兒童遮道要索，至有停輿開說，質物取途，甚非盛世之所宜有也。余嘗疑「蘭萑」二字，全無意義，求之不得其說。及讀莫明德時詔書，始知蘭萑舊爲攔街，近代訛傳失眞。而官府行下時亦用之，不覺啞然大笑。

禮內，兄弟不得爲婚姻。太眞玉鏡臺蓋晉人禮教之崩弛，非可以爲常也。內兄弟即中表親。我國姑舅兩姨之子亦不通婚。惟舅子姑孫得相嫁娶，俗諺傳之⓬美談。然姻婭往還，稱謂相牴牾。夫婚禮以正人倫，而輒先亂其外家之昭穆，是豈大雅君子之所忍聞乎？

近世婚禮有停喪行聘者，最爲傷倫，昔賢曾已力辨⓭。至于聘財不足，交契爲婚，或亦以此興訟，是於論財之中，更進一步，庸非夷虜之罪人乎？

古無女子承家之樂⓮，故中堂命醮，便作別離，三月歸寧，義無再往。儀禮稱爲人後者，爲其父母降服。昔賢註疏⓯以男子出繼，女子出嫁，爲其父母服，與爲父後者之爲其母當之，正謂此也。

【校勘記】

❶ 此題目甲本無。

❷ 此題目底本與甲本皆無，據內文補。

❸ 底本無「有」字，據甲本補。
❹ 甲本作「布巾」。
❺ 底本作「又從」，據甲本改。
❻ 底本無「之」字，據甲本改。
❼ 底本作「以」，文義未通，據甲本改。
❽ 甲本作「寸」。
❾ 此題目甲本無。
❿ 甲本作「而行」。
⓫ 甲本作「而往」。
⓬ 甲本作「為」。
⓭ 甲本作「已經昔賢力辨」。
⓮ 甲本作「禮」。
⓯ 底本作「統」，據甲本改。

繼嗣❶

我國有無男用女之例；不知始于何時，夫分內外爲二家則無統，合親疎而並祀則亂常。況世次漸遷，恩情愈薄，或未滿四代，而就食於無服之曾、玄，或別有宗親，而附祭于異姓之祖、禰，徒使二本之教，越千載而復行，而非類之散，強鬼神於所不當祭，仁人君子能不爲之動心乎？此大宗無後，小宗繼之，古人所以謂以諄勤於繼絕之義者，非爲無女而言也。常見近代❷之女婿外孫，析田分產，務勝於近親；及制服則必循常禮，奉晨昏則偏殺外家，甚至買怨啓爭，相率以充貪官之囊橐。雖持心近厚，如許桓夫人之唁衞侯，秦康公之送晉文公者間有其人，而末俗日趨，其弊殆不勝言矣！

婚俗❸

衰世婚俗不可屈指。余少時，見無賴子弟，有先娶寡婦而後並納其女者。此風始于景興末年。其後，縉紳之士，亦或效尤。夫！妻之女，非女行乎？禮繼父同居者，服期年，其爲後世慮者至矣。當事者固恬然而不之問，敗禮傷化，殆莫甚焉。余謂繼父娶前夫之女，當以亂倫無別罪之，即飼獸汚宮，亦不爲過也。

郊禮❹

我國郊壇，始于李氏，先朝中興，再加修葺。正中昭事殿基，約高一丈，石攔石陛，雕刻工巧。內砌石臺，合奉昊天上帝、后土皇地、祇次左右丞相，堂左右兩廊，奉大明夜明之神，及周天星宿、際地神祇。歷代帝王，分列從祀，第一門外，皇上更服，大次在其左；出第二門，折而東南，經王上權御次；至第三門外，對構七楹，則節制府扈從之所也。李陳郊祀禮制，今不可考。先朝於春日三日內謁吉郊天。中興以後，正歸王府，內殿徒擁虛器，惟春首謁郊，與會試御講武殿，略備鹵薄威儀，都人傳爲盛事。舊例南郊奉事，一百四十五貫五陌五十四文戶部領。在戶番，付司禮監承諭局備辦。帝祇位前有三才齋品及芭蕉菓食，左右殿廊，以次降殺，無牲玉燎瘗之儀。至日設皇上拜位於殿庭、御道中，王上位在御道之左，稍次，節制位又次之。二品以上，在第一門外；三品在第二門外，其禮止於上香、宣奏，前後八拜，可謂略矣。

聖祖盛王既登，政府郊天不復陪祀。暨大行皇太后升遐，皇上亮陰，遂命首揆阮公浣代行。次年盛王親自攝祭。既而年穀不登，寇盜竊發，天下往往以此怨咎，亦可見人心之未去也。西山據國時，設北城鎮於東京，即敬天殿，爲返望臺，而南郊遂爲雩塋之所。歲遇亢旱則鎮撫大員，集教坊把令於此祈雨；或舁四法佛像暴之第三門外，鹵莽滅裂，殆無足言。

辛酉之夏，酉山少王棄富春北走，升北城爲北京，築圜丘於柳市門外，甃方澤於西湖，以冬、夏二至，分祀天地。而南郊昭事殿，則倣中正朝大光明殿，仍爲祈禱告謁之地❺，及改元告謝俯首❻而冠免。人以此卜其亡云。

雜記❼

南郊第三門內，有柳杏公主祠，磚屋方廣尋丈，橫據御道。詢諸皀隸，則鼎革後，郊殿監守，及四旁業巫覡者始爲之備，云帝女朝天待漏之所。其說迂鄙不經可笑。第二門右側一樹，已酉庚戌間，並出一菌，其大如盤，仰而望之，文理堅密，久而不萎，傳爲穀神所附。道旁廢井，丙午春，青火浮于水面，高數尺許，三日不滅云。

風俗❽

古人以江河之推移譬❾世故之遷變；竊謂風俗亦然。余少當景興時，俗尙猶厚，平居交際，循循然有敦讓風，一有不善，輒恐爲人所知。至於戚宦貴遊無賴子弟，亦未敢公然肆行；其或不循經制，良家父老，輒陰擧爲子弟戒。鄉黨聚會及親戚宴飮，惟年登耆艾以上者與焉；幼壯以下，施邀與偕，每逡巡畏縮，有事商榷，惟年位尊者❿裁之，餘則拱聽而已。春秋祈報，或徵歌以侑神；殽饌纏頭（賞歌錢），不甚奢侈。有稍過之者，群共非笑之，曰此非前人成例也。親友過從，非大禮及上賓不宰鵝鴨。北茶價賤，而好者亦寡；惟權門世族乃有之。接賓酒用小琖（盞），似拇指大，數酌⓫即止，過此則目爲沉酣。聞諸前輩，談及龍德、永祐之前，以此爲渾厚較勝，惜余未及見也。自盛王寢疾，粃政日滋，戚里之家，下及遊蕩子弟，爭爲詭僞以相勝；什器之中規矩者，易而歪衺之；服用之有軌度者，變而增損之；交接、酬酢、飮食、起居，凡事之關於節文度數者，必從而嬌揉溷亂之。日異月新，傳相慕尚，有堅立不回者，從加訕笑。甚乃擠陷之，傾覆之，而習俗澆矣。

【校勘記】

❶ 此題目甲本無。
❷ 底本無「代」，據甲本補。
❸ 此題目，甲本無，底本作「昏禮」，據內文改。
❹ 此題目甲本無。
❺ 底本作「禮」，據甲本改。
❻ 底本無「俯首」，據甲本補。
❼ 此題目，甲本無。
❽ 此題目，甲本無。
❾ 底本作「啻」，據甲本改。
❿ 底本無「者」，據甲本補。
⓫ 甲本作「盃」。

笠❶

余八、九歲時，見老者多戴黿殼笠❷，或三江笠❸；官家子與學校諸生，戴方斗大笠（葉笠）❹；官家內眷年高者，戴古洲笠（兜笠）❺；中年及少者，戴蓮葉笠❻；京城士庶男婦，通戴古洲笠，幼者，戴小蓮葉（小圓笠）❼；村邑男婦戴春雷小笠（小頭笠）❽；軍士戴掉笠（掉圓笠）❾廝養及軍人婦女，戴圓斗笠（枯笠）❿；僧道戴筍面笠⓫；喪家戴春雷大笠（大圓笠）⓬；期功以下，戴古洲笠加藤綏，惟權門勢戶喪者，戴筍面笠以自別。至如清、乂二處，通戴圓箕笠（乂笠）⓭；外鎮蠻儂，通戴尖光斗箬笠（其形似枯笠而尖，用竹筍皮來補）⓮；與四政不同。壬寅癸卯年，三府兵亂，挾功肆行，人多戴圓箕笠以混之，輾轉成俗。丙午國變，復捨圓箕，而筍面，有期功緦服者以素綏別之。在村塢則倣黿殼之制而殺其上，謂之酸皮笠（稻皮笠）⓯，其戴春雷小笠者，間或有之，而黿殼、三江、方斗、古洲、蓮葉、掉笠不復見矣。

衣服⓰

舊例士庶以下，公事服青吉衣，平居服緇衣，村塢小民則服布素。近者通服青吉衣，而緇、布二色鮮有服者。舊例青吉衣以火明爲上，微明次之，賤者用葵色（俗名牛角色衣）⓱又次之。倘遇國卹，則王公卿士皆服葵色。近來不拘貴賤皆以葵色爲尚，而火明、微明，委爲樸魯而不用矣。舊例喪者，平居服粗布，戴笠散髮，掩口而行；有事於公庭者，著葵色青吉衣，事迄，返初服。近來，雖無公事亦常著葵色衣，却笠推髻，談笑於街衢，略無愧怍之色矣。舊例有期功服以下者，衣素散髮，終其身，不與人家宴飲。近來公然吉服，群飲聚食與常人同；有略存羞惡，移席內室，略示違異而已。

若夫，良家之裔，棄素業而遨遊；戚畹之童，挾門閭而倨傲；雙槍七畹，辨味遍於輿胥；方丈盈樽，常奉過於喪祭；親戚勸酬，則童丱躐躋，而耆耄不敢斥其妄；閭里會飲，則髫齔群吠而尊長不可司其成；康色低聲，乞憐於下賤，而畏倡優之訕者；甚於月旦之評，傾囊倒橐；取美於目前，而充歌筵之贈者，倍於牲盛之奉。甚至退居林下者，喪心於弄筆，而刁風興。儼然堂上者，眯目於苞苴，而貪風起。期孟姜於河上，不止淫奔；禦商客於國門，競爲寇盜。風俗至此，可謂極矣！雖江河之推移，豈能盡肖其狀哉。

阮堯明⑱

阮君堯明名俊，余之忘年友也，長余一十九歲。原籍下洪之長津，鼎革後，僑居壽昌鼓舞。少舉於邑，補郡庠。戊申之秋，署篆水棠。未幾，解綬而返。爲人沉靜，喜散誕風流，時出入權要間，而酒樓茶甌尤喜與當⑲布儒流共晨夕。歲在壬子以後始識余，與黃君希杜過從往來無間。希杜與堯明對門，而余客太極，亦不甚相遠。每暇輒集於堯明內室，下簾細話，科頭跣⑳足，如家人兄弟。入夜，則布几庭前，養茶泛月。時余落魄故京，無志於當世。而希杜以巨家子遭變蕩產，由華陽鎮來京，值世故方殷，亦不留意家人產業，故常與堯明遊。一日偕相知數人，賞蘭南榮，頃之，新月初上，相顧而笑，遂頂蘭社譜。月夕風晨，往來尤數。堯明時內悼，一女髮纔及眉，依依膝下。常得硃砂、淡紅、鶴翎、鸚爪諸菊，蓓蕾半含，秋色艷目。堯明命僕分藝庭除。余與希杜適在坐；見小女汲水澆灌，余戲成一絕句云：

倚檻課童分菊種，
可知陶令舊生涯。
垂髫却解人深意，
繞砌携壺學灌花。

既而席地中庭，携爐啜茗，聞長空雁聲，希杜雁詩。轉眼八、九年間，堯明落魄北河，希杜食貧京邸，而余蹤跡飄浮。回想半生，始知相聚之不數得也。

堯明蘭盆開時，余與希杜各有詩，送粵東關君天池評閱，希杜最爲擅場。余詩有曰：

鷄舌半含紅點點，
雀翎初刷綠依依。

及：

嬌如燕姞餘香在，
恨寄靈均雅調稀。

之句，亦頗爲天池鑒賞。

【校勘記】

❶ 此題目，底本與甲本皆無，據內文補。
❷❸❹❺❻❼❽❾❿⓫⓬⓭⓮⓯後均附喃文俗名，現譯成漢文，置括弧之內，與前名重複者省去。

⑯此題目，底本與甲本皆無，據內文補。
⑰喃字，相當：牛角色衣。
⑱此題目，正文無，據內文補。
⑲甲本作「韋」。
⑳底本作「洸」，據甲本改。

仕進❶

舊例，倡優末技不得遊學校、仕正途。初意良善，惜無雋異登進之路，以收不群之才。自祿溪侯以伶官子，不得應舉，委質河南，當事者始悔蒐羅之不廣，然未公然弛其禁也。曁以如京張國母由樂籍供奉入晉光王邸，誕僖祖仁王，亞旅卞長宮❷，復得寵於僖祖，教坊諸姓，始得與良家齒。其後，大科顯宦，或由此出，士大夫久與之習，而優孟之家，亦自忘其世矣。世運風俗，可於此驗焉。

琴❸

我國帶琴及箏爲絲音。大略惟：性、靜、情、精四聲，又假借爲：嵩、臧、藏三聲，七音互爲主客而已。近代始尚月琴，蓋古胡琴，一名阮咸，以四上合尺五工六仕凡諸音，配七聲、十二律，詳見九峰新樂書。然南北殊風，工之者少。景興中內殿供奉管僊右隊阮廷滌變爲南音，略可人聽。然清濁雜沓，全無腔調。安泰武君支桐亦好月琴，始學北調，既解音節，信手彈爲南音，參考琴箏南譜，剛柔婉轉，心手相應。乃知聲音之類，無不相通者。

仁魚❹

阮公宗理爲乂安督視，初到任，有仁魚死於海岸，長百餘尺，闊稱是，地方以告。公偕同僚往爲文以祭之。後數年，有童子容貌韶秀，年可十四、五，著儒衣詣門，問阮兄宗理在衙否。閽者斥之曰：「乳臭子觸嫚長官，不去，鞭樸將及之矣，何問爲！」童拂衣笑曰：「吾憶故人，不憚遠訪，無已當自去，不消如此張皇。」閽者異之，聞於公。公具冠帶，出肅客，童子去已遠矣。命衙從追請之，苦要乃返。坐定，笑謂公曰：「別來久憶，兄獨不念及故人耶？」公謝不敏，設酒談敍。童子喟然曰：「弟與兄俱從僊（仙）曹謫降。兄入世途叨科甲，猶不甚失本來面目。弟自得譴，混入禽魚，紅塵苦海，徒令人悶悶耳。」公請其詳，童子曰：「余初謫爲百舌鳥，性慧而善鳴，都城遊冶子以重價購得之，晨夕玩弄，不啻拱璧。如此十餘年，思脫皮毛，未得其策。一日開籠縱恣。時主人方瀹茗欵客，砂壺瓷碗約値百餘金。余躍上客筵，飛舞跳躑，拌盞粉碎。主人陡怒，操煙筒斃之。上帝以其謫限未滿，復降世爲海中仁魚。凡三年，忿不勝辱，乘海潮登岸暴鱗自斃。時兄偕同宦往祭；幽顯異路，不能一談。及讀祭文，妙思靈機，殊增健羨。嗣蒙上帝准滿謫期，聽於山谷潛修，仍補舊職。今當回朝帝所，故來與故人一別；他日相會於紫府清都，想不遠矣。」公因留宿，密問前程，其語多不外洩。次早辭別，具衣冠送之，出門不見。公未幾卒於任（仁魚俗名和尚魚）❺。

豐年❻

景興甲午，先大夫從西承，歸居河口坊宅。時天下承平，此歲豐稔，市纏間物價甚賤，密熬二枝，値錢一文，南茶二大盌，芙蔔二口，價亦如之。有不甚渴者，輒以一錢買茶一大盌，芙蔔一口；點心飯店，儘力量而食，不過十數錢。

剽竊

延興、同樂二坊之間，有見成衣鋪。每月初一日，初六，十一，十四，十五、二十一，二十六，三十等日，白馬墟期，衣鋪最爲喧鬧。篋胠之徒，乘間剽竊，或摸手客袖，括其所有；或故爲喧鬧擁擠割截衣幅，搬取行貨；或喧傳象逸馬風，列肆與途人擁擠趨避，貨物狼藉，及知其誕則偸兒已厭所欲矣。一日，有綵輿停於東閣銀鋪門前，婢僕騶從如雲，採買紋銀，估價未定，輿中人命傅姆捧銀色數十❽錠回衙呈相公開驗。店主不之疑也。旣而婢僕漸少，轎夫亦四散。日向暮，不見傅姆還報，店主始就輿前索銀，則一老盲丐，罩紅綃衣，坐輿中，茫然不知所言。輿故而敝，約估不過十數緡，四下尋覓，茫無影響。此類甚多，不能徧舉。奸騙伎倆誠爲可笑，然亦足以見昇平之盛事也。

騙術⑨

景興壬辰，會試四場畢。有一嫗詣東河席舖一巨室閒話，道及會試中格，某公者是其所知。主人問新貴人年貌貫籍，嫗具言其詳。且言貴人家故貧，中饋尙虛，庭試居期，不知錦旋日作如〔何〕措置？主人不覺心動，對嫗言：「某有室女頗不陋；姆倘能作合，錦旋之費，當不煩貴人掛慮也。」嫗故難之，復往數四，已而要貴人詣巨室相女。主人留貴人宿，夜出其女見。嫗慫恿主人⑩命女伴貴人寢，訂賜第後成婚。明早辭去，餽遺頗豐。主人⑪粧其女俟親迎。及傳臚賜宴，杳不見嫗來。主人命家僮徧訪于新貴；皆非曩日留宿人，始知爲其所騙，懊恨不已。此事喧傳城都，聞者以爲笑話。夫騙術固神，然非巨室之誕慕新貴，欲要非分之福者，亦何能售其術哉！

斗數與夢⑫

懋軒先生以景興辛未閏五月生。其斗數吉星凑會，兼數貴格，蓋不易得也。先仲兄嘗言先大夫閱先生斗數，謂：「潘先生名壽不兩立，掇大科則減算，享遐齡則減名。」已酉之歲，先生得疾，余嘗舉此言勸懋軒先生名於鄉元，壽止於知命；二者不相短長，余亦不解所以。庚戌歲，余嘗夢見文亭榜，見鐫朱塡金，優中一名鄭公權，中項一名潘輝瑢，其次中項、次取，多不記。及覺，嘗以聞諸先生，時監生鄭公君權沒已久，不知其何意也。

【校勘記】

❶ 此題目甲本無。
❷ 甲本作「官」。
❸ 此題目甲本無。
❹ 此題目底本、甲本皆無，據內文補。
❺ 底本作「魣翁鵧」，乃喃文，相當：象翁魚，和尚魚。
❻ 此題目，兩本皆無，據內文補。
❼ 此題甲本無。
❽ 底本無「數」，據甲本補。
❾ 此題目無，據內文補。
❿ 底本無「人」字，據甲本補。
⓫ 兩本皆闕「人」字，據內文補。
⓬ 此題目，兩本皆無，據內文補。

枉托❶

維生壽球監生阮允密，鼎革後，村居授徒。敝屋五楹，東房爲長子允拔；西房爲允拔之弟室；中間三木楹，則監生老夫婦與其母居焉。允拔有室，久而❷琴瑟不調，其歸寧每累月。允拔就館於隔江之小邑，歲時歸省，在室者無幾。其婦或於背人處懟其夫，監生夫婦亦末如❸之何也，辛酉歲，允拔弟既婚；夫婦頗相得。一日，於其室得允拔之褻衣，出以歸其兄。監生心疑之，屏人召允拔責以整冠、納履之嫌。允拔力白其無，而苦無佐證，鬱鬱得心疾，擧止言語迷惘不常。一日，詣其舅，歷訴哀衷，且言將以死自白。舅斥其妄。次日絕❹早，辭其父如館。出邑傍黎舍渡，就所知家借刀。所知者以其顚也，不之借。乃咬食指，以竹簽染指血，大書於江邊木綿樹曰：

人莫予知枉斷腸，
此冤須訴與雲長。

已而喚渡，至中流，返舟而躍。舟子撈之不及；聞諸其父，傭水居戶搜覓。日暮得於江心深處，盤膝而坐，面色如生，惟右手食指頭咬碎。監生號哭藁葬之。樹上血書，字可掌大，得日成絳紅色。居人恐驚動官府，刷洗之，久之乃淨。

余聞而異之。後晤黎舍李司講公長子，細詢之，與所聞合。扣其故，則曰：「弟舍之褻衣，或云弟婦誤挾之；或云是允拔之婦所爲，皆不知其然否也」，夫世之峩冠博帶，危坐濶步，口聖賢之書，齒縉紳之列者，不少矣。平居無事，鮮不以道學自任，名教自居。及其事變之來，處得喪而臨死生，往往進退周章，失其所據。允拔一初學少年子耳，乃不忍中冓之汚，而喪身於江魚之腹，人豈易量乎哉。

科舉❺

李朝取士有三，教科、大學生科、亦有進士科。登進之途不一。至陳亦然，然惟進士一科得人視諸科爲最。先朝洪德以後，專以進士科爲掄才大典。莫氏因之。中興二百年間，登是科者，以清流自居；其他文武才略致身公相，亦不爲清流所❻重，世變然也。中興初，馮公克寬，參內幄，號功臣，剔歷部寺，且屈身場屋，以一第爲榮。而梁公有慶，勳業文章與馮公伯仲，獨以在莫，見抑於禮闈，不肯入於庭試。及歸先朝，歷官清要，體貌旣尊，弗屑與擧子家較勝。執史筆者，以其非科目中人，略而不備。非有梁氏家譜，及諸名❼家私集，則梁公之勳名，將與屍位具臣者同其淪沒矣。

其後，慕澤武公惟志，青林阮公廷派，皆一時名臣，考之於史，莫能得其梗概。繫籍之士，積習相沿，漸有唐末清流之弊。景興初，吳公時仕，文名大噪，甚爲當路者所忌，會試考官暗中搜索，稍涉近似者，輒相語曰：「此時仕口吻也。」極力而擯斥之。毅祖知其❽故，場事旣畢，輒命取吳公落卷親閱之。考官多被黜罰，竟不能止。丙戌科，吳公得洩瀉病，入第四場，草草完卷。考官閱之，曰：「此卷今文達練，允爲會家，然文氣頗弱，當非時仕所爲。」及閱阮公伯暘卷，曰：「此卷俊警頗似時仕，然今文不足，時仕必不爲此。」疑不能辨，吳公遂領會元。靖王總政時，范公撝謙以文學結主知，少年挾氣取忤於時，禮闈之見斥，亦與吳公類。晚歲學日邃，訴爲文章，必痛改舊習。己亥盛科，改名阮攸；第二場一卷，語頗馳騁，考官相賀曰：「撝謙在是矣」，則相與疵謫而黜之。及榜出，而公名固在也。第三場一卷，亦以疑見斥，而范公卷無恙。第四場范公阮攸[9]文醇而簡，范公貴適則汪洋大肆，氣格不同。內場官擬華堂范公卷第一。阮公伯暘獨指鄧田范公卷，曰：「此卷簡古深奧，非老師宿儒不能及。」進讀王府，鄧田公首是科，而華堂公次之，果如阮公所料。文停榜出，阮公頓足曰：「科甲固有命，不可以人力爭也。」蓋前此諸科，鄧田公見黜，阮公之力居多，至此獨執鄧田公卷為首選，造化之戲弄，亦可謂巧矣。

世傳[10]盛美正妃之弟茂挺，由鄉科起家[11]。妃欲厠之紳錄；及會試，密囑彌封吏撰號，茂挺卷號必用其字為識。又囑內場官加意培植，或劣不可取，待有旨博訪，當以此號進呈。第四場畢，試卷進呈，茂挺卷不在其列。妃請於王曰：「衡尺限人，恐或未廣。請博取蓄儲諸卷進覽，聽妾信手製取，以廣敷求。」王恐重違其意，許之。妃製得一卷，則所識其號也，退命宮監以其事告茂挺，預以為賀，及製彌封寫中榜，則武公輝挺也。妃怪之，以問彌封吏。吏對：「受囑時，心緒忙亂，記憶不精，逮至彌封，猛憶妃旨所囑「挺」字，遂將此卷塡作某字，初不知其誤也。」妃不覺驚嘆。聞黃公五福掌府時，一事亦與此略同，惜不得其姓名云。

蓮池武公綿，少不甚慧，鎭日伊唔，纔得中景紙一頁，攻苦不輟，遂以文學名于時。然文思頗澀，恒苦日力不足。戊辰會試第四場，題目皆所素講，而簷晷不給，及暮納卷而出。至寓解裝，則誤納草藁，而印卷固在囊中也。嘆恨不置，姑取日間所為文加工磨練，書於印卷。天將曙，文成而寐，向午睡覺。搜諸篋，則印卷不見。心頭忙亂，懼禮部催取印卷，無以應命。徬徨者累日。榜既出，喧傳蓮池武綿登會元。公不之信，詣廣文亭視之，果然。且喜且愕，不解其故。或傳：「公家三世不養猫，故得此報。」未知是否？

萊石阮公倜，探花公瀠之弟也。壬辰會試四場畢，納卷而出，探花公索閱草卷，始知誤留印卷。是夜乃加修削，及早袖卷及百金，徘徊試場門外，不知所謀。日向申，一武弁問公何事徬徨，以實告或能分憂。公以實對。弁欣然曰：「此易事也，某請爲公任之。」受卷返金，且囑公曰：「出榜後如蒙見念，當詣同春坊某家一訪足矣，何以金爲。」言訖而去。已而果列中格，往同春訪之，則隨號某員，死已百餘日矣。公始知爲鬼神之助，既登仕路，時恤其家云。

己亥盛科會試前，有夢入殿庭，見傳臚新科進士至十五名吳暹，執簿諸員相語曰：「此名學問雖不甚優，而福德可取也。」夢覺，徧訪親朋，皆不知有吳暹名。蓋公以是年始登鄉薦，人鮮知之者。及會試第四場，日已暮，而公卷纔得古文第一段，猶拈筆構思，一采察內臣問：「場門既閉，新進士何故猶在號籠？」公始知日已暮⓬，懇求得助⓭爲地。內臣命執筆硯以從。至十字堂後，時堂中撰卷，壁間微漏燈光。內臣謂公曰：「坐此屬文，完卷當以告某。」公如其言。內臣時來問省。鷄三唱，卷始完以授，內臣就彌封吏房投入。仍以丁字帽授公，雜傳鐸官吏投出場。已而果中。後常往捲蓬堂、小筆店、棗樹店物色其人，迄無所遇，終不解其故云。

【校勘記】

❶ 此題目底本，甲本皆無，據內文補。
❷ 底本掉漏一句（從：「西房……允拔有」），據甲本補。
❸ 底本無「如」字，據甲本補。
❹ 甲本無「絕」字。
❺ 此題目，兩本皆無，據內文補。
❻ 底本作「自」，據甲本改。

❼ 底本無「名」，據甲本補。
❽ 底本無「其」，據甲本補。
❾ 底本無「范，攸」二字，據甲本補。
❿ 底本無「世傳」，據甲本補。
⓫ 底本作「由卷鄉號科起家」，據甲本及文義改。
⓬ 底本作「始日暮」，據甲本補。
⓭ 底本無「得助」，據甲本補。

國學評文❶

景興甲辰、乙巳間，余始遊學長安。每月朔望前一日國學評文，輒隨兄執往聽。上堂中間南面三竹席，上爲知監官位，中爲參從行參官位，下爲陪從官位。侍郎三都等官，則位東面西。其餘悉位西面東。讀卷閱文，皆在西席中間。政府官總大綱，而東席官則時相參酌，蓋舊例也。時太傅阮郡公公俒，起復知國子監，坐中間上席，繼烈侯裴公輝璧以行參從獨相坐中席。武毅汪公士琠、慕澤武公輝挺、收獲潘公瑾、安偉陳公功燦，以陪從坐下席。東席則李公陳瑻、阮公廷濯、而黎公輝瓚以下，咸坐西席。每讀卷，黃公永珍之聲清爽響亮，阮公俅之聲明白平易。劉公晪之聲響短而不明，韶公昶之聲多不可聽，然黜陟取捨，惟裴公操其柄；次則陪從諸公，互相商榷，而知監阮公默不一言，時復僖怡微笑而已。余心疑之，問諸同輩，多笑而不答，疑益不解，輒詢之長者，或云：「阮公學問甚不愜士林望，故胄監論文，漫不加可否。」或云：「公少年以相門子領鄉元，其(後)復領會元，二圍之文，皆非日力所及。」此皆得之傳聞，姑存之以備考。

胄監評文日，知監官爲主。初集時，知監官立中間上席之西，參從陪從官各立本席之東稍南，東席官立本席之東。知監官向中間、中下一席一揖，參陪官答揖。次向東席一揖，侍郎三都官答揖。又向西席一揖，西席各官答揖，訖就席序坐中間及東席，芙匣唾壺，各隨見在員數，而西邊每席芙匣唾壺各二。日平午，知監官役目董皀隸整午飯，食饌頗豐，例出知監官私厨，蓋皀隸民祿，及徽文諸湖公稅所供也。

試法嚴明❷

中興間，試法甚嚴。倡優之子不得應舉。故祿溪侯陶惟慈有高才能文章，會試中格，以伶官子之故，削出中簿。余於桑滄偶錄既及之矣。及如京張太妃，亞旅辨修容，並以教坊家起身，而倡優應舉之禁始弛。

考官私徇法制亦密，曹山渠公宜、覽山阮公文滂❸，並以徇私備徒刑；三山吳公策諭、策詢，亦以此斂。其後政體日頹，始容竊吹。世傳蘭溪阮公俒會策，合六名士之力爲之，未知是否。或傳：公之父參從豐郡公儆獨相既久，庶僚無不震攝聽命。有館閣某公得譴閒散。一日，赴豐郡公召，甜於內室，久不得見。几上惟策試一題，覽之稔熟。終日侑役奉承欵待甚周，至暮而返，不解其所以。及王府召文臣入撰御題，此公獨在其選。阮公俒遂首科，此事與南宋時省試「日星爲紀」賦，秦熺領大魁。頗相彷彿，意好事者附會之也。余嘗見一老儒，爲余言：「景興戊子間，羅溪吳公維垣，鄧田范公阮攸，忠勤阮公仲鐺，以一時名流，久要至契，當會文於蘇瀝江戛橋之旁，掄次撰題，既夕互相評閱。一日，公出一題，已而相語曰：此題頗中時宜，鄧田范兄久被主眷，倘茲科會試被召撰題，幸當留意。自是不復會文，會舍旁一初學少年心識之而不敢言也。己丑會試第三場，范公獨被黜。及第四場，御題與所構者無異，吳、阮二公遂捷南宮。

此事人鮮知。然吳公爲東鄂平章潘公門人，初❹入門「威容德器」賦一篇，文甚醞藉，潘公曾以事業許之。己丑會試之前，扶董天王祠官常聞正殿內喁喁如會語聲，又如試場讀卷聲。及吳公領會元，試卷傳寫民間，內「赤壁淮淝」之句，則與祠官曩日之所聞，約略相似。是又未可以輕議也。

戊戌科第二場，國老汝公廷瓚三公子公瑀首選，卷中有「方方種種」字。而四公子公瑱壬辰四六卷亦有之。阮公伯暘曾摭此語啓聞，事寢不報。然行文用字，諸名家氣習，各自相沿，或未可致疑也。

乙未科會試，羅溪阮公惟宜充內場考官，拜恩阮公國彥，其門人也。拜恩阮公少時，亦常受業於明杲阮公輝旺。將屆試期，明杲公來訪拜恩公，密叩師傳心印。拜恩公力辨其無。明杲公拂袖出門，嘆曰：「甚矣，名利之溺人也！師牛之間，猶不可以情動，況他人乎❺。」拜恩公聞之，要明杲公留宿。是科二公並登第。後阮公伯暘具彈啓。羅溪阮公內斥此科七名策卷可疑，不報。此皆得之聽聞，然亦可見世道之日趨也。（按，乙未登第凡十八名，內傳心印，有貞周百度之句十六卷，蓋不止於十名也。）

怪事❻

西人壬戌春安山石炭，有黃牛產男子，數日暴長如十二、三歲❼兒，頷下出髭，食倍常人，惟不能言行耳。或恐其爲妖，密殺而瘞之。疾疫大作，纔月餘，邑人死者數百。有舉戶枕藉而同盡者，人多遠竄而避之云。

嘉隆乙丑秋，山南儒侶有婦人生男兩頭，自臍而上似兩體，此合有痕。兩頸中間並出一手八指，餘兩手兩足與常人同。一首吃乳納哺無他異，一首不能食僅以乳汁滴之，數日而斃。地方官圖形轉中北城鎮署，不知其何怪也。

【校勘記】

❶此題目，正文無，據內文補。
❷此題目，正文無，據內文補。
❸甲本作「嫎」。
❹底本無「初」，據甲本補。
❺此文甲本作「而況其他乎」。
❻此題目，正文無，據內文補。
❼正文無「歲」，據內文補。

阮敬❶

屬明前黎間，石室易耨，有地人姓阮者，屢而乞食，爲其邑之洒夫，構小屋於巷間，煮南茶爲活。屋後有土阜，小水夾遶，樹木叢雜。乞諸其邑長，伐以供薪；漸次除治，因家於阜上。生子敬，仕黎光紹間，官特進輔國將軍、錦衣衞都指揮使。莫氏之興，疏附有力，遂以❷西國公開府，親戚多爲顯官。莫主忌之。乃與泗陽侯范屯奉莫宗王，稱正中元年，據諒山城，東攻欽、廉，拔之，連拔廣東州縣。貢路中絕❸，明人責之，莫主懼，使人招敬。敬復歸莫。賜姓莫氏，封西岐王，正中爲明所敗，返諒山，莫大破之，走海陽。范屯死，正中尋滅。敬復以壽終葬勤儉之土山。子玉瓘尙福成公主，累官特進宣力功臣、輔國上將軍、中軍都督，掌府事❹。宗人府宗人令太傅沱國公。時莫勢日削。玉瓘以勳戚居重任，憂悶不知所爲。易耨邑旁，有野渡橋，上蓋飛屋，乘暇輒與村人鬬棋于此。玉瓘素❺稱國手，人鮮能勝之。一日，鬬正酣，對手將北，有老叟從旁指點數著，轉敗而勝。玉瓘知爲異人，邀歸其家。叟不聽。咨以天下事。叟笑曰：「野老何知，旣雅意諄諄，敬以一物爲贈。」懷中出紙裓授之。辭去，數武，倏不見。啓視之，則一破鏡，分書黎、莫二字而已。玉瓘不曉所以，特把玩之，黎字日濃以大，莫字日淡以小。鏡片❻之大小亦隨之。玉瓘悟，遂捨宅爲佛寺，盡室而行，得不及其禍。其❼女莫氏玉挺，蔭封郡主，嫁大同鎭守武國公，陽和間重修易耨邑寺，追薦其父母。碑刻猶存云。

按，清大學士張玉書奉勅纂修明史列傳，附載石室阮敬爲莫強臣，及其輔正中據有安南之半，攻陷欽、廉，明人爲之旰食。而南史不之見，可謂略矣。

吾海陽洪江、荊江沿水多小廟，祀泗陽侯。傳云：「古之戰將死於水，浮屍所至，輒能爲疹。」即莫范屯也。

考試⑧

光興壬辰科，賜第纔三名，鄭公景瑞、吳公致和、其⑨父致知而已。時中都未復，會試於普賴行在。兵火之後，士業荒廢；試題既出，鮮能記憶。吳公致知，五十有六歲，猶應會試。子致和素負賅⑩博名，逐句背寫，以資其父。而號籠勢不相及，乃倩傍籠鄭公爲之介紹。其父與鄭公以此入彀。當時之文運與人生窮達之定分，蓋亦於此併可見矣。

瑰池寧氏，其先至靈寧舍人也。先朝洪德間，以兵亂之後，田多荒廢，議行占射法，命世家豪右隨力所及開墾荒田。成田之後，籍其數於戶部，仍許永爲己私，謂之「占射。」寧氏墾荒於安讃，居聚既繁，始柝爲瑰池社。近代寧公迪，由會元賜第，有文名。寧公遜別號敏軒，其從子也。既冠，以次通庠生，領鄉薦，頗喜古文辭。景興中年，士習日卑，文體日陋，鄭靖王欲稍變之而不能也。一日，幸⑪浴翠山，見山寺壁間之詩，則知之爲敏軒作，特召之，由番僚僉副進朝，添差知番，頗得主眷。裴公輝璧又安詩集所云：

敏軒居士今才子，
政府添⑫差古列卿。

蓋指公也。

戊戌科會試第三場，敏軒公入彀，而石洞范公阮攸被黜。二公皆⑬得幸帥府，情好頗相得，三場榜既出，石洞公肩輿遇敏軒公之寓所。敏軒公心知其侍題帥府而退也，開蹕門前向之。輿中不交一語，口誦論語箋註所云：「三陳九卦終於巽以行權而已。」敏軒公悟其意，次早赴第四場，披易繫辭「三陳九卦」段，扯取二頁挾之以入試。策既出，多士鮮能記憶。進讀五卷，首卷安偉阮公諒，古文並優，至今文區處南陲，有「祭人必⑭爲吾」之句。王笑曰：「此子學問頗贍，而不習時務，盍黜之，以老其才。」餘四卷中格，范公仲烜、朱公允勵、阮公時，並以今文入彀。而寧公遜今文諳⑮練，古文惟「三陳九卦」一段最爲充贍，其尾段置乾而不言，未詳書旨，則扯二頁之所不及也。已而敏軒公領會元，石洞公以國語詩戲之，若曰：

庠生三縉得地靈，
會魁半句由天榜⑯。

蓋有所指也。

按古者取士於鄉里學校，三物之目，藝居其末。漢策試賢良，始以文詞爲主。然其所試經傳大義，以及古今治道，猶得古人之遺意。故出於其時者，董、賈、劉、楊之徒，各以文學名世⑰。隋、唐以後⑱，捨策論而尚詩賦。當時之士，挾珠懷璧，皆擅所長。而究之于用，與政事歧而爲之二。至宋熙寧間，王金陵復以策論試士。其時士習相沿，以其出於創見，群起而訐之。久〔而〕相安，漸復漢人試策之舊。陳同父大庭對策，孝宗嘉其經濟之學，特授建康判官。文文山廷策，讀卷官稱其古誼若龜鑑，忠肝若鐵石，請以得人賀。蓋策論之文，非貫穿經傳、含茹古今者，不能下筆構詞。自科舉之法既行，求能彷彿古人取士之旨，惟此一科而已。

先朝順天定科舉制，合制策試之體而爲文策。紹平以後，得人爲多。余嘗見武公睿、深公世榮，廷對之文，宏博汪洋，信非後世鮮淺之士所能擬效。中興之後，試法日僻。會試鄉試策題並從中出。帥府密召文臣奉撰，謂之御題；惟取險題僻句，務以難人。殿試制策必命同進士撰之。蓋以撰題官既殿三甲，必不使人勝己，故策題最爲險僻。三魁多不具員而賜策第，或止於二甲、第三甲者。噫，科舉之弊，一至於此！文運世道之日降，可勝言耶！（石洞范公國語詩云：生徒改綴如丸坦，進士姅句恨榜蠶。）

先朝東閣科例，三品以下，有由廷元、會元、鄉元者始得應試。或非由三元，而御題選舉曾經首選，既登大科，亦得應東閣試。賜第恩典，視制科進士加倍，蓋曠格也。

武公公鎮未第時，曾夢觀文停榜，見前項一名字畫繁不能辨，次武公鎮，次阮公審，凡三名。時阮公審⑲登第已久。武公私念，以一介布衣，與顯貴同榜，必無此理，心緒徬徨，往往付之浩嘆。保泰甲辰，武公以第三甲同進士出身，始笑前夢之迂也。九年戊申，僖祖議開東閣科。時阮公審督視乂安，武公遺之書，勸其回朝應試。且預以前夢爲賀。既而入彀三名，賞一格一名，范公謙益以吏部左侍郎述郡公賜第；賞二格二名，武公鎮以兵科給事中署翰林院校討賜第，阮公審以寺卿兼祭酒賜第。可見科甲自有定數矣。

東閣科榮回舊例，本總民構作私室，用鐵林木本，蓋瓦屋三連，而迎接人役，則用本縣總⑳民。范公謙益登第時，憫邑人之窮也，爲本省總民構作之費。人多感之，其後，奉爲后神，遞年春秋，推牛歌唱，以報其德。鼎革以後，他邑后神，往往廢祀，而范公之祀，則以豕易牛，相繼不輟。可見遺愛之在人也。

夫先朝之待士甚厚，簪花賜宴，顯親蔭子，耀晝錦而還故鄉，斯亦足矣。至於構室供役，一以責之於民，使邑里之氓，何以堪處。且登第之士，既同邑人供己役，不得不大爲犒宴，以酬私榮，多方假貸，求清目前。甚至瞰富屋之女，而易糟糠；受行錢之名，而押息契。積習既久，遂有負債進士、賠嫁夫人之弊，欲望其恪敦廉節，毋失官常，胡可得哉。

按景興間，賠嫁夫人之弊，不可枚舉。丁丑科范公進登第，有富室妻以女約，受榮回之費。錦旋日，與嫡夫人爭道。嫡以事啓聞，朝論停其保舉。壬辰科，武公宗琰、阮公伯宗登第，黎公貴惇皆以姪妻之。其後武公嫡亞不相長幼，始分爲二室，往來於其間[21]。阮公之嫡，不能勝其亞，遂得心疾。景興季年，奉傳禁戢。戊戌科以後，其弊漸止。

安泰縣丞武度，亘室之後也；縣丞沒，家頗落，有子女各一。縣丞孺人勤儉拮據，猶不甚失其體貌。景興乙未，阮公國彥登第而未婚，孺人心羨之，多方假貸倩冰，繩其女於阮公。公納之，錦旋之費，皆新夫人所出也。初授科給官頗閒，需用不足，新夫人謀諸其母貸金，通內府關節錢八百緡。政府官奉旨，計山南督同。唱名府堂訖，公隨得病卒。未幾，縣丞孺人亦卒，家計日削。鼎革之後，阮夫人猶時受債家之累云。

【校勘記】

❶ 此題目，底本、甲本皆無，據內文補。
❷ 底本無「以」，據甲本補。
❸ 底本無「絶」，據甲本補。
❹ 甲本作「中軍都督府左都督掌府事」。
❺ 底本無「素」，據甲本補。
❻ 底本無「片」，據甲本補。
❼ 底本作「與」，據甲本改。

❽ 此題目，兩本皆無，據內文補。
❾ 底本作「與」據甲本改。
❿ 底本作「該」，據文義改。
⓫ 底本作「丁」，無義，據甲本補。
⓬ 底本作「僉」，據甲本改。
⓭ 底本無「皆」字，據甲本補。
⓮ 甲本作「悉」。
⓯ 甲本作「諧」。
⓰ 原文喃字，抄者已譯成漢文。
⓱ 底本作「士」，據甲本改「世」。
⓲ 底本脫「後」，據甲本補。
⓳ 底本脫「凡三名，時阮公審」，據甲本補。
⓴ 甲本作「六總」。
㉑ 底本脫「間」，據甲本補。

卷下

醫學❶

醫家之學，炎帝、黃帝始之；雷公、岐伯佐之。聖人之開物成務，所以爲生民計者，無不極其至。中古以降，名醫相繼，方書日繁，大略不出八經八緯而已。經者何？針、砭、灸、湯、丸、散、膏、塗是也。病之在肌膚者，必用膏塗；在經絡臟腑者，深用針、砭、灸，淺用湯、丸、散，夫是謂之八經。而其權衡斟酌於其間，必以望、聞、問、切、攻、補、平、散爲之八緯。望者，望其體貌；聞者，聞其聲氣；問則叩其源委之詳；切則求之六部之脈；過者，攻之；不及者，補之。偏而不正者，平之；結而不通者，散之。是十六者不可闕一，然後可以爲醫。若夫伐皮、削骨、洗胃、滌腸，則又用之至變，非醫之至神者，不足以語此也。

我國自董僊、鄒醫之後，學者寖失其傳。八經之針、砭，八緯之望、聞，已視之爲太羹玄酒之具。至如灸者，不究銅人之穴分；切者，不知脈訣之指歸，是十六者，已去其六，深去而淺存❷，精亡而粗在，而欲其起沉痾❸，司生死，以求古者養生之遺旨，胡可得哉？夫斯民生於三代之後，教養之正，既不足言，而衛生之術，又一至於此！先儒所謂：「命制乎天者」，信不誣矣。世之仁人君子，體冠裳而口仁義，亦曾念及否乎？噫！可慨也。

近代之醫，分爲二家，曰：內科、外科二者是也。外科之中，又分爲三：保慈阮氏，扶寧阮氏，雲隴阮氏；各守其師傳，膏塗之藥，屢獲奇驗。至於內服之藥，專以攻伐消耗爲主，其積習然也。然外科之治，膏塗多而內服少，雖有所暗，其所傷猶有限也。

內科之學，則分爲二。主滋補者，視❹大黃、樸消（硝）爲仇敵，虛損之病，遇之誠爲有❺益；至於充實之病而誤加培補，則爲助火之油；感冒之病而誤用閉藏，則爲絕流之堰，其戕人性命，更甚於鴆毒。而業之者，輒翊翊然曰：「此王道也。」王道也！曾不知用粱肉而養癰瘕，操芒刃而嬰髖髀，其視偃王之仁義，襄公之不擒二毛，亦何異哉！主攻散者，以仁參肉桂而爲信砒；充實感冒之病而誤用寒涼，則寒上加冰，雖噬臍而何及；耗損之病而誤用攻散，則風前燃燭，雖保護而無由；其誤人性命，較甚於挺刃。而業之者，亦翊翊然曰：「此所謂藥石以攻病也。」曾不知加斧斤於孤樹，激風浪於虛舟，其視廉來而助虐、申商之刑名，相去無幾」。

二說相激，莫知所從，雖高明之士，鮮能合之于一❻。余嘗旦夜思之，不覺澗然頓悟。古人云：「醫通於相。」蓋醫者，司人之性命，而相則繫國之安危，分雖不同，其道則一。爲國者，德刑不可偏廢，則醫者之攻補，又何可執❼哉！故病之果於虛耗也，吾用藥以補之，猶爲相者之必用德化也，何必用刑罰以求申、韓之近名❽。病之果於壯實也，吾用藥以攻之，猶爲相者之不可無威刑也，何必費仁恩以長七國之驕恣。生長肅殺，吾亦何容心哉？

或曰：「子說固然，然吾何以眞知善者之可施德，惡者之可加罰也？」

余笑曰：「向不云乎❾八經八緯不可闕一者，是也，本之內經、素問以求其端。參之歷代醫書，以廣其用。不必執景岳、馮氏而厭聞攻散消導之談，不必主醫學回春而仇視培補滋益之說。知之不罔，而行之有方，則雖相爲，可也，而何有於醫乎？」

余少時聞遼舍黎懶翁，客居乂安，爲當世和、扁。所著有懶翁全集、夢中覺、疹痘準繩諸書。靖王常召來京，翁出其全集，撮略約中景紙五、六十張。視王府侍茶，春育阮參議，近來學者，稱爲珠玉格言。余曾見其書，學力甚邃，持論甚確，然亦罕及於攻散，意❿亦世之所謂王道者也。惜未窺其全豹。或云：「翁黎公有喬之子。」名未考。

春育阮侍茶名貴，由監生知先明縣。常途遇北客，得醫學之傳，脈學甚邃，藥多奇效，靖王時斤安廣處參議。余曾親見，公時年登七十，性閒散風流，所談多莊老之旨，其客堂聯有云：

天與有限，天果必從人願乎？
人欲無涯，人豈能違天性者；

又云：

智水仁山！適意願希君子樂；
天年國祿！從心閑養太平身。

可以知其爲人矣。

余從表兄中式范君宗嶠，頗知醫，其人室，產後作兒枕痛，以問公，公問：「有肉桂否？」曰：「有之。」曰：「用全歸一兩，砌煎⓫至八分，磨肉桂三錢，當無患矣。」表兄出門，人請其故。公笑曰：「血遇寒而凝，得溫則行耳。」問：「何不立方？」曰：「此君如醫者，何以方爲？」

余仲兄之室病，誤服大黃，腹脹膨膨然，引飲無度，二便俱閉。邀公至，視之，笑曰：「此病當不死，命取洋參一斤，揀取一兩，如法炮製，入牛膝五錢，大附三錢，煎投之，二便利而病愈。」

石瑰監生阮君倘，先大夫及門之士也，曾遇公邀診其脈，曰：「出一年，當得大病。」阮君笑其迂，不以爲意，逾年以疾卒。

佘仲兄之歿，公亦知於三年之前，蓋亦神矣。景興壬寅，其門人儒生阮圓身體浮腫，循床匍匐發譫語，攻補俱無效，公從春育來京省之，作附子理中加大黃利下，病遂愈。諸若此類，不可枚擧。

【校勘記】

❶ 此題目甲本無。
❷ 底本無「存」字，甲本作「存淺」，據內文改。
❸ 底本作「疣疴」，據甲本改。
❹ 底本無「視」字，據甲本補。
❺ 底本無「有」字，據甲本補。
❻ 甲本作「手」。
❼ 甲本作「偏」。
❽ 甲本作「功」。
❾ 此句甲本作「何不去尋吾之所云乎」。
❿ 底本無「意」字，據甲本補。
⓫ 甲本作「切片煎」。

海陽處❶

海陽處，古爲洪路、册江路；屬明時，止爲南策一府，而中間公置上、下二洪、荆門、南册四府，總十八縣，此其沿革之大概也。余常考今之四府，地邈人稠，而在古僅爲二路一府，大小不侔，求之不得其說。或曰：「古之郡縣甚大，漢之慈廉鄉，即今丹鳳、慈廉、壽昌、廣德、青池、青威、上福等縣。」

李、陳之威路，即今之國威一府，及常信府、應天二府之半。明之清化一府，即今清華、丞宣分爲四府。可見古今地理分合大小，代有不同，則海陽之僅爲二路一府，未可疑也。然李氏有國時，順化之半，未入職方。陳時始兼有順化。而廣南諸府，至洪德時始置郡縣。則李、陳疆界，較今及十六、七、八，乃其分天下爲十餘路，而吾海陽僅居其二，一可疑也。屬明時，國界南盡升華，考之洪德十五承宣，版圖所不及者，廣南承宣之半耳。張輔、黃福分我國爲十七府，而吾海陽僅居其一，二可疑也。況山西、京化、清華、乂安、順化、廣南諸道，山莽雜錯，在古或爲蠻僚之鄉，或爲異國封域。其後漸次除治，始同編列，就中地勢平坦，山川開豁，早染清明文物之教者無幾，則夫疆理之制，先粗後精，因略致詳者，蓋有之矣。吾海陽土地磽确，無甚川澤之利，其視他鎭，誠不之及；而其勢平而脈疏，水酸而近淡，原非夷僚嵐障之境，蓋自秦漢以來，已與龍編、峯水均被華夏文化，乃其疆理之分、合、大、小如是可疑。余生於其地，而學問固陋，又値更革之世，書籍散逸，無可稽考，恨不能起樵隱、桂堂諸公以質之。

我國郡縣，古今沿革不一。求之禹貢以地名川之法不必儘合。惟吾海陽，意義若有所取。考之內府版圖，二洪皆平原曠野，惟荆門之水棠、安老、安陽、宜陽、南策之光明，地接東海。然海東一帶，環抱其外，則朝紋雖通，而視之山南、清華、乂安之襟帶斥鹵者，逈自不同。且古人山之南、水之北，乃謂之陽。吾海陽居海東之西，謂之陽固不可。且其南界山南諸縣，皆爲平野，又寧可謂之海乎？余自束髮讀書，輒懷此疑，而無從剖之也。近見古志，始知我國從古南滇變入山南，而海陽、清華夾峙其傍，古之海口在今黃江，去今之鹽戶、茶哩及數百里。以此言之，則吾海陽在古南屆于海，庸非在海之北乎，謂之海陽，蓋取諸此？今山南下之群英社斥鹵漸成桑田，歲不下數百畝，其勢相與關閬合爲平陸。想數百年後，海瀕之地，人煙湊集，當不異今之❷太平上路茶哩、鹽戶諸海門，行爲黃江海口之北。不知後之癖古者，又於何考訂也。

吾洪，古爲洪路、洪仁路、仁雄府，近爲上下二洪。蓋洪江從西北下，蜿蜒於七縣之間，古人因以地名。猶威路，國威府、清威縣上下左右，清威社之於清威江也。今嘉福縣洪市社，是其遺蹟。嘉福古爲長津，洪路治在洪市。李時段尚捕盜洪州，其後與陳相抗，常築壘于此。光紹、統元間，乘輿播越，亦即洪市爲行在所。其地水陸輻輳，上通京北，下接山南，東與南策、荆門、海東諸府，呼吸相及，亦海陽上路一都會也。洪市「洪」從上聲，而洪州近作平聲。徵文前黎諸名家詩集，及內制謝表皆作平聲。但不知李時「洪路」之「洪」從某聲耳？

二洪都會，固以長津爲上。然平坦無山，未兼川陸之勝，語其控制山海，不若南策之至靈。前黎海陽都督兵使司建治于此。明人都司亦治至靈，以孤城抗王師，積歲不下。直至❸東關三司總治，俱全軍北返。可見地利不爲無助。中興之初，亦以其地爲鎮司治所。龍德、永祐間，阮選管兵隨鎮，誘執鎮將，據城以叛。王舅炳郡公奉差攻討，以兵七奇官象七隻，蹰躇安仁、安富間，坐視❹鄗墅故里，焚蕩無遺，慴不敢追。其後始移鎮治於錦江之毛田，去京一日，南至華陽鎮，北至市拺鎮，亦各一日，取其聲援之近，遞驛之均而已，蓋當時柄國者，未之深思也。丙午之夏，鎮守彥領侯以五、六奇兵，據倉廩之富，不能自保，至乞哀於偃苗之夫，易服而遁，人皆笑其怯也。及案都王北幸，昭統帝兩番遜國，與近歲西山之亡，鎮將皆不能以一日守，是雖機楻之運，任方面多非其人，然亦據險制勝之無其本也。

余自少飄蓬，未嘗至❺鎮治。壬戌孟秋清璋吳侯協鎮，余從京宅來謁，留覽鎮城，其地背平陸臨小江，北江❻迴望，地勢漸高，不啻庭除之於堂陛，而錦江窄狹，又非帆播滙聚之地。夫建邦設都，惟取聲援之近、遞驛之均，而不求之形勝，將以制控山海，拱衞邦畿，不亦難乎？余時有詩云：

洪路上游海陽鎮
依依古戍點寒刁
帝畿衞翼贍依近
海國關河控御遙
牢落清涵毛布月
迴環綠漲錦江橋
沙平野潤閒吟眺
遺鏃殘戈蹟未消

蓋有所感也。

唐安縣名❼

吾縣唐安之名，不知始於何時？按唐德宗紀上爲唐安公主造塔，平章事姜公輔力諫，忤旨罷相。唐制公主封號多取縣名，而唐書地理志中土無唐安縣，其時我國正內屬唐，則吾縣之爲唐安，或在貞元建中之前，未可知也。

慕澤武公私記謂武公渾經略交南，愛慕風水之勝，除地建邑，以唐安名其縣，可慕名其村，則唐安之名，自武公始，似爲近之。然武公生於唐末，去德宗時已遠，而唐安二字，已見于德宗紀，私記之說何可遽信。且武公私譜，自武公經略時，至陳之世，數百年間，世次支派，官封謚號，皆不能備載，而建邑名縣獨詳著於後人，私記果可信乎？姑識之以俟來哲。

邾溪村名❽

吾洪〔路〕❾人才甚多，陳朝琮琤朱公，昌符間，典三廂禁兵；所居成聚，後人以朱舍名村。其後生齒日繁，又別爲社，因朱加附爲邾溪，近又訛爲鄒溪。司徒文肅蒞❿侯元旦，常爲三廂公子撰碑，文奧而字古，風撞雨撼，行畫間有剝落，亦吾縣一古蹟也。

按公顯於昌符赤嘴侯方執政柄，在庭諸臣同之者，多至顯達，異之者，弗保⓫爵位。冰壺公元旦席帝胄之親，兼舊相之貴，乃心王室，形諸歌詩；且汲汲以身後爲慮，至挈二子以托之。公以異性典禁衞，立於其朝，則其異同之間，想必有以處之矣。及其立朝，始卒不見于史，而諸家傳記⑫亦不之及。非有陳公之碑，則其姓名官爵，且將與流熒宿草，同歸於埋沒。世之乘軒駕馬懸金佩紫，昂然於一世，轉眠之間，化爲烏有，又何可勝哉！

【校勘記】

❶ 此題目，底本屬「醫學」目；甲本無，據內文改。
❷ 底本無「今之」，據甲本補。
❸ 甲本作「與」。
❹ 甲本無「視」字。
❺ 底本作「一至」，據甲本改。
❻ 甲本作「此江」。
❼ 此題目底本、甲本皆無，按內文設。
❽ 此題目底本、甲本皆無，據內文補。
❾ 「路」字兩本皆無，據內文補。
❿ 甲本作「上位」。
⓫ 甲本脫：「赤嘴……弗保」。
⓬ 甲本作「傳說」。

段尚❶

下洪之長津，有東海大王姓段名尚。李氏忠臣，已見桑滄偶錄。今唐豪、安仁、安富及嘉福、洪市諸社，奉爲福神。又有淞江大王姓阮名復，長津段松人，屋諸松江。洪德間南征，督運失期，請當❷軍憲。事見烏州近錄，今順化松江祠奉爲上等神。而故居松江，今改椿渡，有墓在焉。相傳，十二海口漁戶多奉之，稔著靈應，猶閩建之有林天妃也。嘉隆癸亥，有商舶長津，言語衣服與乂安人相似。商賣事清❸，返棹而南。是夜神墓發，而遺櫬不見。意商舶人所爲，然不知何意也。

范公子虛❹

傳奇遊天曹錄所載范公子虛，吾洪州府❺錦江之義閭人。義閭今爲義富。邑人相傳，公歿後，謚忠貞大王，今〔爲〕海外福神。然史籍皆弗之載，姑存之以備考。

范公五老❻

唐豪扶擁范五老微時，嘗盤膝官路旁削竹。適與道王從萬刼回京，前驅呵之不起，怒飛槊中其髀，牢不可拔，委之不去。王輿至，怪問：「爾髀中傷，何得漠然不動？」公對：「適思兵書數句，不暇及❼耳。」王停輿試公兵略，應如流。王奇之，載與俱，妻以養女。從王擒胡有功，累升典禁衞。衞士賤其迹，請於朝與公角。公假歸數月，日於村旁大阜，習跳屢跌，阜爲之扁。假滿入朝，與衞士角。衞士三、五爲群，向公叢擊❽。公猱進猿躍，倏忽往來如神。衆皆爲所踣傷，始束手請命。其後，哀牢入寇，縱象入爲陣，棋行不可遏，命公討之。公命斫大竹根，長可數尺，隨地堆積，麾官軍退，獨往與賊鬭。賊縱象陣蹂之。公隨在挈竹根亂撞象趾甲，賊陣大亂，官軍合擊破之。此皆公之逸事，不見于史。今祠在村西，橫踞扶擁江，以二公主從祀。其一，公配與道王養女也；其二，公女陳朝靜妃。世傳，公祠因舊宅坐東朝西，內堂水浮金印，半里外長鎗作前官。扶擁江爲虎水逆潮，風水家多稱爲陽宅福地。

及先朝初平高平，邑紳武公榮進以少年科官，提重兵督高平鎭。邑之耆老多忌之，隨事排抑。每賽神鄉飲，輒托故擯，不與武公同席。武公備白金百兩並牛米爲謝，衆却不納，且邀武公親詣。武公乃牽牛捧金以獻之，委曲得其歡心。積久前隙既解，因謀移神廟北向，事竣，招魂投于江，詛之曰：「此鄉既薄科官，當勿復有爾也。」武公歿後，邑中學者鮮能成名，始知❾悔其所爲。丙午、丁未間，復移神廟朝西，既而災疫爲厲，民不寧息，遂仍北向。噫！大樸既散，民風寖澆。固有客遊裘敝，而見薄於妻嫂；亦有賣薪負卷，而取笑於鄉鄰者矣。及其佩六國印，駕太守車，則世之輕薄褻慢者，方且望塵迎拜之不暇。讀歐陽公晝錦堂記，昔人之處此道❿，蓋有其道矣；何必區區咒咀與小人、寠人分其過哉！

范居士⑪

范居士東朝人，爲段將軍尙謀主。見李末將亂，勸段完聚洪州。其後，陳太宗受禪，遂專制東方。陳太師守度謀以玩蟾公主委懷，道孝武王阮嫩，使出兵從京北之桂陽，南襲錦江。段悉衆禦之。守度以大兵渡珥河，東犯唐豪。段使范留捍錦江，而西抗守度。段兵敗於安仁，范亦全軍大潰，由錦江南遁，至獲澤創重而歿。今獲澤祀范，而以段配享；段之故里洪市，則祀段而以范配，皆其遺蹟也。夫當李陳禪代之際，守度以陰謀取國，斷德江之脈，絕古法之宗，妻天極嫁昭皇，所謂不忍人之心！其存者無幾，十八子之遺臣，束手靦顏爲其臣妾。段、范以疎逖之臣，乃能割據一州，以死自許，可謂烈丈夫矣。興亡定數，雖非人力所能游移，而浩然之氣，直與穹壤長存。守度諸人，能不愧死於地下乎？

下邳村⑫

吾縣下邳從古未有登顯官者。故老相傳：光紹間，邑人有爲鎭國大將軍，嘗擁大兵歸故里，掛鎭國大將軍金匾于邑之裴村亭前。而載籍弗傳，姓名弗考。今按國史，光紹、統元間，國內乖離，乘輿播越，嘗建行在於長津；想東方豪傑應命勤王，則其爲大將擁重兵，亦理之所必有。旣而莫氏僭國⑬，史官失職，使忠臣烈士埋無聞。吁可慨矣。

杜公汪⑭

長津段松杜公汪，其外祖母寡而貧，設茶店于周道。有北客發古窖鏹于茶店，去而遺其銀。未幾復返，嫗如數還之，厚酬不受，客感其義，曰：「此處有一地，世出公卿，請以相報。」嫗楸然曰：「老身無子，僅遺三代孫，安用公卿為也。」客笑曰：「外孫亦可，但發福弗長耳。」因請為嫗遷之。後杜公庭試〔中〕榜眼，仕莫至侍郎。中興初效順，與吾縣汝舍汝公琮同修邦交詞命，以文官目扈從關上對勘，各仕至尚書。未幾，莫孽稱兵，四宣弗靖，帥府謀奉駕回安場社，公力請固守。王疑之，手金鎗刺死。既而，追封福神。余嘗至段松認其發迹墓，見大水砂周迴數十畝，砂上凹凸關鎖開闔，形勢宛然，正中小水圓旋，內突金星一頂，前十餘步，一字水橫截，合之成乙字形，想高王地鈐所云：「水彎乙字」或即此也。以世卿之地，借發外支，客之術亦神矣！顧公既得禍，而其子孫亦衰⑮魯無聞，則人力之巧，不若造化之自然。業青鳥者，蓋亦可以悟矣。雖然，延成、光興之際，邦交詞命所係匪輕，天生是人，將以了南關對勘之案，其生也有自來，其死有自去，亦豈堪輿家之所能游移哉！

汝公琮⑯

吾縣汝舍汝公琮，莫進士第，中興初扈從對勘，復往北使，仕至尚書。其故宅在村寺之前，可八、九畝，中間一阜，公墓在焉。丙午、丁未間，獲澤汝公瑱嘗遊汝舍，過公故宅，有詩云：

古寺門前十畝隈
傳聞丞相舊亭臺
無名野草埋幽徑
不憤閒花落晚苔
禮部三朝公斗竣
南關兩度使軺回
功名富貴今何在
寂寞秋風土一堆

蓋有所感也。夫公遭際明時，與段松杜公同修詞命，使南北通好，功成於邦家。讀周諮綏邦諸錄，可謂華國之章矣。獨以仕莫一節爲白璧纖瑕，誠爲可慨！然獲澤公遭亂，佯狂，潔身不免，而屬纊僅存，乃欲邀倖於西人之一命，重泉之下，與汝舍公相見，亦何以爲情哉！

【校勘記】

❶ 此題目底本、甲本皆無，據內文補。
❷ 底本作「諸」，據甲本改。
❸ 甲本作「浚」。
❹ 此題兩本皆無，據內文補。
❺ 底本無「州府」，據甲本補。
❻ 此題正文無，據內文補。
❼ 底本作「入」，據甲本改。

❽甲本作「舉」。
❾甲本作「追」。
❿底本無「此道」，據甲本補。
⓫此目正文無，據內文補。
⓬此目正文無，據內文補。
⓭底本作「千」，據甲本改。
⓮此目正文無，據內文補。
⓯甲本作「椎」。
⓰此目正文無，據內文補。

李公道載❶

玄光禪師李公道載，嘉定萬司人，以魁榜出家，事載竹林傳燈錄。近世古都阮公完撰國語玄光行狀內載碧娘一事，不見於史册，余竊嘗疑之。憶七、八歲，從先恭人陪侍外從，大姑慕澤僉事武公正室郡夫人，清閒之譙，談及碧娘故事，始知果有其人。夫人嘗云：「碧娘墓在獲澤故里；景興初年有發之者，遺櫬朱漆宛然，啓之見清水滿棺，異香撲鼻，隨復掩蓋❷。」後汝公公鎮嘗有詩云：

佳人落地委金鈿

又云：

曾向淑房誇窈窕
却來山寺伴❸空禪

將欲勒石墓前，既而不果，惜未見其全篇耳。

武太妃❹

吾縣鄘墅武太妃，其先上福紫陽人也。以（其）父偷盜，故爲鄉人所殺。妃纔三、四歲，母携之海陽，傭於鄘墅武公，爲插秧婦。公一日之田間，時夏署方酷，妃隨田畔，其所立處，有雲氣覆之，步步不爽。公心奇之，語其母，養妃爲女。未幾，母他往而歿，妃遂從武姓。既長，入侍禧祖仁王潛邸，生裕祖、毅王❺。裕祖進封太妃，後靖內難立毅祖，加號太尊。紫陽宗黨無復存者，鄗墅武姓遂爲國戚。義弟炳忠公又以策立勳，位極人臣。子姓肆行非法，鄧石爲祠堂。海陽四府給役者，兄去弟還，而上洪三縣爲最，民不堪命。至靈寧舍阮公邁後人阮濾、阮選乘之作亂，織竹爲笠，折竹爲鎗，焚鄗墅外府祠。遂成庚申、辛酉之亂，今石屋坼裂，陷入平地，幾沒❻其簷，每大雨水注其中，近來猶存焉。庚申、辛酉之亂，吾海陽受兵者❼十八年，平地皆成林藪，熊狗嚎猪瀰漫郊野。居民之孑遺者，剝木皮、掘田鼠爲食。售田一畝纔得饅頭一個。吾總明倫一嫗，寡而富，鄉人保爲后神。以其貲產山積，偌號「山后神」，歲荒無從得食，挾銀五包，莩于平堤之村寺。吾邑灌莽極目。亂既定，邑中始從京中歸，誅茅薙草，重認舊址，拾殘骸而叢❽葬之。今邑之南，猶有義塚一帶，歲之七月望，邑人輒具酒饌奠之。（山后神俗號山后婆）❾

吾邑儒先輩，儒生范公廷伯嘗爲余言：荒亂時東歸，憩食旅店，有肉味甚腥，湯面浮浮皆作半月彙。問之，店主曰：「獴猪肉也。」食方半，有死虱出于㯳間，始知爲人肉，探喉而哇之。噫！古之所謂「率獸而食人」，殆未若此之甚也。

吾邑人始歸時，烈原野而焚之，一望荒邈。聚居于神廟故址，聯疏爲親，約以守望相助，死喪相吊，疾病相扶持。其後相沿爲平寧族，蓋亦得古人出入友助之意也。景興末年，老者已死，壯者已老，而少年新附者，人僞日生，其約遂廢。近來多有訂盟聯譜者，或以見利而爭，或以挾氣而鬬，屢合而屢散。言不忠信，行不篤敬，雖州里行乎哉！聖人之言不我誣也。（平寧族，俗號儀族）❿

余嘗見平寧族長者，言吾邑惟神廟址最高，土山次之，棟土又次之。余留意驗之，果然不謬。及昭統己酉以後，糊口四方，丁巳東回，散步郊野，見土山棟土日就低削，神廟址亦然，而同樂喃塚

⑪比舊高出數倍。乃知地脈之來去有不同也。

吾邑外同談有度死館，相傳景興庚申以前，客死者歸葬，不得入里閭，必于此停櫬，因以名館。亂定後，此俗既革。僉事黎公廷璵捐貲重修，以爲耕嫁憇息之所，去「死」留「度」，單名度館。其地正當余故⑫宅之西，每日向夕，牧童驅牛還憇于此，歌聲篇韻，雅可人聽。余或乘暇輒來此館，遊覽平疇曠野，逸思遄生。今館既頹廢，余亦流落未歸，客夜回思，不禁爲之惘然也。

俊傑社廟⑬

吾縣俊傑，奉福神二位，一爲李朝駙馬，一爲李朝公主，不知爲何帝女與其所以祀之之故。按史李時，分賜王侯公主食邑，想亦以其采邑因而奉之耳。余僅見其褒封舊敕文有云：「鼎安南服之乾坤，革假西維之廟宇」，內「西維」字未解，所以姑存之。

重喪復葬忌⑭

世傳喪家多忌重喪復葬日，値之者，多遇重喪，俗每請術士書符入殮。余求之禮典不得其故，心甚不然也。憶先恭人嘗爲余言：吾縣獲澤有任安世丞者，時方重正途，佐二多不與事。丞以田獵自娛，遍遊郊野。日將暮，見一鳥大如鴨，羽色淡紅，從天而下，踞一新塚，啄其上，塚中⑮嗚嗚鬼哭。丞挾銃，射中之，鳥立粉碎，哭聲亦止。次日有一孝子具豚麥登堂拜謝，丞怪問之，對以其親沒，値重喪日，伊家死喪相繼。昨見亡者託夢，道爲凶煞所若，蒙二父母憐而拔除之，故以微薄伸謝。此事在庚申之前，然非吾儒之所常道也。

北客藏窖⑯

我國多北客藏窖。余讀說鈴，弘元、永歷間，清兵南下，南方守令多挾貲荒遁，想是其時所爲。吾邑棟土岡，相傳有古窖。田夫夜行，或見鷄鴨成群，驅之至此而沒。余宅中堂前小沼水黝而味腥。歲或大旱⑰，井泉俱涸，而此沼不竭；每遇晴雨之交，水輒泡沸，隨有青銅湧出，或如手掌；大魚淰而不肥，種蓮則茂。邑之南巷一沼，亦傳有錢窖。景興中間，有客戶婦下沼採萍，見水中錢湧，以竹箕收之盡量而返，邀家人往視，則無所見矣。此戶因之居積致富，挈室而去。數歲復貧如舊。又有一婦早行，過棟土，見第宅完壯，烙火熒熒，中有婦人按機而織，所傳古窖，當有亦不誣也。

【校勘記】

❶ 此題目，正文無，據內文補。
❷ 底本作「巻」，據甲本改。
❸ 底本作「半」，據甲本改。
❹ 此題目，正文無，據內文補。
❺ 甲本作「生裕祖、毅祖二王」。
❻ 底本作「入」，據甲本改。
❼ 底本無「者」，據甲本補。

❽ 底本無「叢」，據甲本補。
❾ 原作「婆后崗」，乃喃文，抄者譯成漢文。
❿ 原作「戶儀」，乃喃字，抄者譯成漢文。
⓫ 原作「瑪喃」，乃喃字，相當漢字：「喃塚」。
⓬ 底本作「正」，據甲本改。
⓭ 此題目，正文無，據內文補。
⓮ 此題目，正文無，據內文補。
⓯ 底本作「上」，據甲本改。
⓰ 此題目，正文無，據內文補。
⓱ 底本無「或」字，據甲本補。

古蹟❶

吾海陽多古蹟，如紫霄庵，雲烟、香海、瓊林寺，玄天洞，流中殿，津中館，追遠堂之類。李、陳以後，金石遺文，見諸傳記，不爲不多。余窮而多蹇，故鄉名勝，未能一一領略。時於紙上彷彿臥遊。每讀張公升甫洛翠❷塔碑，至吾鄉勝景游覽殆遍之句，未嘗不悠然神往也。吾縣碑誌，除三廂故宅外，鮮有存❸者。少時如長津范松市，小憩、段松、富穀溪橋，追訪杜、范二公睹諸爭道之蹟，得見杜公所撰橋碑約數百言，其中敍事夾帶議論，將學者之政事，老莊之齊一，與夫釋氏之報應，混作一篇文字。前黎文體，至此已覺一變。然詞意勁妥，視之光興以後諸名家，不啻雲淵之別矣。（文今載藝苑飛英集中）

祀事❹

書曰：「類于上帝」，曰：「惟皇上帝。」詩曰：「上帝臨汝。」傳曰：「皇皇后帝。」蓋天神之最尊者曰上帝。以其尊言之，則曰上；以其主宰言之，則曰帝；尊無二上，故帝一而已。二氏之教則不然。道教自玉皇上帝之外，有紫微大帝、扶桑大帝、長生大帝、眞武大帝、東華帝君，其位皆在三清、天尊之次。釋教則有天帝，有帝釋，有梵王天子。有日月天子，數目甚多，其位皆在過去、現在、未來三世尊之次。覆幬無垠謂之天，主宰無外謂之帝，而乃有位尊於天，號尊於帝，是天外有天，帝上加帝，此九天三十三天、四帝、五帝諸尊聖衆之說所由起，玆所以爲異端之荒唐也。然以血肉之軀，而欲致辨於無聲無臭之表，苟捨理而妄談，則捕風捉影，茫無實際。夫子之不語神，其爲此歟。

帝釋祠❺

唐豪遼舍帝釋祠，蓋俗語三神三佛之一也。其靈異之蹟載于武公方提捷記，想非無稽之言者。然顧其號曰「師」，而司一邑；其教曰「釋」，而有二妃，皆不可以理測。意者此邑有神，偶激于張巴之言，遂顯靈蹟，而世俗遂以此二字強名之乎？

近尚鬼尤甚；僧道術士肆爲不經。余嘗過通衢，見人家設醮。壇上虛位一，奉佛；次黃紙衮冕位一，奉帝釋；次青黃衮冕位各一，奉天帝地祇；其餘眞帝以次排列。夫加佛於天，其誕固❻不攻自破。若以帝釋加諸天帝之上，尤爲不通，自可笑。謂帝釋爲天神之最尊，則位其下者，號曰：「天帝」，不幾於僭乎？謂天帝爲天神之主宰，則居其上者，庸出於覆幬之外乎？不特此也，自紹統己酉，疾疫大❼作，民間處處建奉天樓，排設衮冕齊供謂之奉天地。以天地之大，必需于小民之置器食品，而後降福於人民，則何能以行四時而生百物？世人不是之思，而惟彼之惑，不幾于褻天慢神耶？噫！此古之聖人，所以必急於絕地通天也。

虎妖❽

吾縣玉苟，世傳奉虎妖，以人爲犧牲。邑中，歲惟一人主賽，誘孤行商旅磨脚跟皮，畜之地牢，及其祭畢，與黑黃牛肉，雜切而食之。得人肉者，衆爭稱賀，以爲一年順利之兆。其後一主賽他出，地牢人得間而逸，脚跟薄不能立，匍匐而行，聞於鎮將，邑人上下行賄事獲寢。自是始⑨以牲牢代之。然偶獲孤客，亦必殺之以享神，蓋任囂祀猖狂之遺⑩俗也。庚申以後，此俗久廢，行客至此，猶有戒心焉。

小兒福神⑪

吾總揚舍，古有小兒爲群鵝所逐，墮地死，後爲其邑福神。故其俗相沿有畜鵝禁，蓋恐觸神忌也。景興季年，邑有畜鵝者，未幾人物⑫不寧。邑人爭咎之，殺其鵝，延術士具輿衞周遊邑外陵阜間迎神。余聞之不覺大笑。夫古之祀，自天地神祇之外，有功德者祀之，能禁大災、捍大患者祀之。至於畏壓溺三者，死且不吊，況擧邑而奉之乎？未有其生不能禦禽獸之侮，而死能福其民者乎？噫！先王⑬之教不明久矣。世俗之惑⑭豈止于此邑之小兒神哉！

馬公主廟⑮

錦江、嘉福之間，有馬公主廟。俗傳：主，民間婦，性喜淫，逢人便與之私，而不勝其慾。聞于官，命編藤爲牝馬，納婦其中，使與牡馬合。死而爲神，求禱多獲驗。祈賽者，塚地波羅根肖陽物祀之。以一箇淫婦乃得香火千秋，與東潮范顏祠皆可怪之甚也。官祠部者，苟懊而不能去，盍不移而合之，使無爲民惑也。

高相公祠⑯

吾總明倫奉入內尙書高相公名依。李神宗時，以其⑰功加太保職，莫淳福間，褒封著入祀典。祈晴禱雨，稔著靈應。邑之西近平堤社，有丞相故居，即國語小說所傳鄧春讀書、玉珠夜織之地也。

按鄧公春母墓在桂陽寶覽山，京北人。世傳鄧公李時登科，則丞相公是李時人無疑，且尙書公爲明倫福神無遺蹟。丞相公有故宅，而未詳官封。況同在李時，安能知非一人者。若夫所謂丞相，不過俚俗推尊之辭，猶國語小說中之所稱長者類耳。年代既遠，姑存之以俟識者云。明倫丞相宅故址，地勢爽塏，有半月池、蓮沼諸蹟。余少時遊覽徘徊憑吊，每欲追認鄧春齋，玉珠織室，而阡陌壑鑿，堂陛變遷，不知其所從也。丙午丁未間，汝公公瑱過此，嘗有詩云：

閥閱舊傳丞相女，
風流長屬狀頭人。

蓋用國語小說故事云。

范鎭與杜汪⑱

嘉福藍拺范公鎭，平生學力不及段松杜公汪。而大庭對策獨占龍頭，范公仕至承政使，而杜公以侍郎劾順累官尙書，進封福神。人或以爲造化承除之巧，余竊以爲不然。杜公之學誠勝范公，使能兼體古人求志行道之義，避濁待清如石室馮公克寬，弘化梁公有慶，可也。苟爲不然，則好學善道，爲永賴阮公，東岸陳公，亦不負其所學矣。杜公⑲不思出此，已而卒陷於禍。回視范公之潔身不二、不玷科名者爲何如哉。

世傳藍拺范公錦旋日，築路自明倫之南，直達藍拺社，今猶稱爲狀元路。武公方提捷記所載，范、杜二公並道爭先，至富穀橋睹詩，想是既第以後事。不然，使范公未築新路，而富穀橋西，亦自有路可達藍拺，安用過橋爲耶？又捷記載，范公題明倫新宅，用古人「日日壽榮華」之句。「壽」字古作「受」，近來受死日之受，世人避忌讀從壽者，捷記因而不改耳。

【校勘記】

❶ 此題目正文無，據內文補。
❷ 底本作「湧翠」，據甲本改。
❸ 底本作「警」，據甲本改。
❹ 此題目甲本無。
❺ 底本無此目，據內文補。
❻ 底本無「固」，據甲本補。
❼ 底本作「不」，據甲本改。
❽ 此題目正文無，據內文補。
❾ 底本無「始」，據甲本補。
❿ 底本無「遺」，據甲本補。
⓫ 此題目正文無，據內文補。

⑫底本無「物」，據甲本補。
⑬底本作「生」，據甲本改。
⑭底本無「惑」，甲本作「感」，據內文改。
⑮此題目正文無，據內文補。
⑯此題目正文無，據內文補。
⑰底本無「其」，據內文補。
⑱此題目正文無，據內文補。
⑲底本無「杜公」，據甲本補。

裴世榮❶

吾邑先哲諸公及傳者，自莫時裴公世榮以後，前此無聞。余幼時見諸長者言吾邑有瓊郡公、雲郡公，征占城有功，姓名弗考。及長讀先朝實錄，光順初靖難功臣，洪德間五府大臣，只循國初制，封縣侯、鄉侯、亭侯、亞侯、冠服侯，未有異姓名者。竊疑世傳之誣。及讀烏州近錄，順化有清郡公從聖宗征占城，以功賜爵。則當時異姓之臣亦加完卷，惜載籍遺逸，無從折衷云。

吾邑裴公世榮舉莫進士，爲本宗始祖妣所自出。余先大夫既附錄家譜；其平生梗概，余嘗載入桑滄偶錄。公歿後，葬邑之東南，世稱寺卿公陵。後爲邑人安平武校官講學場；松楸丘隴無復存者。余外舅尚書武公復即其地爲壽藏，其後建祠屋，築園陝，彌失本來面目。夫！公以吾邑先達，去今纔二百餘年，貍首之藏封植弗愼，後人誠不敢辭其責。然吾海陽自中興以來，數經喪禮，前賢墳寢埋歿，蓋不惟公爲然，此所表墓誌之制。古人所以不容不詳於有爲也。

武公晟❷

吾邑武公晟，祖海陽處留守洪嶺侯，父國子生。公幼時家甚貧，父子不能自贍。邑人築壘驅之就役，力不給，去壽昌爲之報天，受業於慕澤武公。慕澤公時居太廟之東丞肆巷。公子以能文名；公入門課藝，連擢第一，公子忌之，囑同門生，晨俟公巷口，肆加窘辱。公改路而往，屢爲所困，輟不赴講。慕澤公知之，公子怒遂釋。公學業日進，十餘❸歲領奉天鄉元。逾冠以探花賜第，纍擢寺卿，陪從府堂。王深愛幸之。一日，王膳有鱖魚，味甚美；命取此魚一段，侑以別饌，召公面賜之食。公飯而捨魚。王怪問之，對曰：「請歸以遺母。」王嘉之，命取魚別段賜公母。及至僅存魚尾段，公乃食魚尾，而懷前段以歸。王愈加敬愛。未幾，以諷諫女謁事忤節制府意，免歸，遂設帳授徒于廣德之濠南砦。及門之士，成名者七十餘人。〔公〕與青池月盎阮公廷柱，並爲學者師範。一日，公家廟忌辰，門人在朝者，齊集公第。適帥府召對，侍從無一人在直。王問其故，朝房吏以事❹聞。王命俟來日❺召對。公弟喧、子暉同科登第。榮旋日，公有聯云：

同朝三進士；
一日兩榮歸。

人多傳誦。後卒于濠南，葬青池之光烈。至今風聲未艾。吾邑官路行客，或時相語曰：「此探花武宗故里」云。

文體❻

中興以後，文體卑弱，具見陳公璡吉川捷筆集中。余嘗考我國文獻，李文古奧蒼勁彷彿漢人。如太祖都龍編詔，太宗聲罪王安石檄文，仁宗遺詔之類，是也。陳文稍遜於李，然典雅葩艷，議論鋪敘，各擅所長；視之漢、唐諸名家之文，多得其形似。間有三數篇，雖雜諸漢、唐集中，不能辨也。

前黎順天以後，文之傳者頗多。惟阮公薦永陵神道碑，下嫁衞國長公主制，武公永瑱進封太宗奉陵充媛制，雖工力不齊，然體裁氣魄，皆可追踪古❼者。若順天平吳大誥，紹平臺諫諸疏，洪德南征占城詔，皆當時大手筆。而其積氣不厚，創體務新，或字字句句，不能一一穩妥；或前後首尾精粗純駁不能相通，視之李、陳，頗有登山下坡之辨。其不能徧舉者，又從可知矣。明德大正之間，氣勢日下。騷人文士競趨於輕浮，蓋又視前黎爲尤遜者。然而士習未陋，其學問、文章、政事、功業，或不多讓於古人，以其所從事者未至於僻陋乖謬之甚也。中興之初恢復，名義雖正，然權歸帥府。驩、愛之士，多據要津；其風聲氣習，與吾之四宣寬和平易，不能無異。兼之明德、大正之政，固結於民心者未忘，故天運既還，而人心之向莫者未盡還。一時通儒文士，往往鏟彩埋光。其出而應世者，該洽少而譾陋多。而驩、愛之士，經亂廢學；及據要津，司公令，輒用已見，務勝前人。其講學課士子❽，於經傳大意，古今治亂得失之原，多不致意，專向後儒詳論諸家箋註，及史籍中之險題僻句，扶摘見工。當時隨世就❾功名之士，希旨向風，掇拾先儒殘吻，習爲後世枝葉文章。而李、陳以來，立教作人之意爲之盡變，積習既久，業舉子者，將經傳正文，斷截句段，專學小註之文，而尤以史論爲尚。及其當大事，議大禮，苟且遷合以求集（息）事。至於制度，文爲之末，尤鮮可觀者。士習至此，而望其經體贊元，以爲國家之用，其將能乎？

試法❿

中興以來，庭試制策、會試、鄉試活現拘儒曲士辨難口頭，已全失「臨軒策士」之初意。至如判題，乃古人判事之文。余嘗見東閣鄉試出「喻德教，擧遺士」判；探花范公謙益判題，文體未合格式，不禁爲之大笑。夫！喻德學士，有何曲直是否之可判乎？以此命題，雖韓、柳、歐、蘇亦沒處理會，不惟金山范公為然也。

科舉⑪

「賢良」「方正」始於漢，蓋求士盛典所以待非常之才。唐、宋為制科，有五等典恩；視進士科加倍。唐白公居易、宋蘇公軾以高才碩學，僅入二等。嘉佑以後，制科每虛第一等，以重其選。先朝中興初，常開制科；而阮公文階以第二甲魁是科，後為中興名相。昭統初元，復開制科。平章省會擬策題。鵬公阮有整以大司馬在會；諸文官撰⑫題呈鑒。整閱畢，笑曰：「某武臣何敢妄議，顧制科、舉「賢良」「方正」，制策乃如是耶？」諸公默默然不答，以題進覽。是科所得者，陳公伯覽，阮公嘉吉二名。

制義文體⑬

中興間經義體，破承講括凡七節，不事文體。但公令⑭聽用疏釋大註，不許創新，使學者專務記誦，已非古人明經試士之制。其後相沿用舊題舊文，則其失彌甚矣。正和、保泰間，阮公公沆奉使中朝，博訪有明經藝以歸，及入，相議以此課士，事竟不果。黎公貴惇見聞小錄嘗論及此，引有清聖祖⑮諭旨所云：「八股文於治體無關。」其意不欲改從明制。夫八股文誠於治道無關，然習是文者，非貫穿經傳，不能下筆措辭。視之我國經義舊體依樣畫葫蘆者，不猶彼善於此乎？況聖祖所言，蓋指有清滅裂破碎之文，非指前此于公謙，胡公士貞、王公鏊、王公世貞、熊公廷弼，諸該博渾灝之文也。景興庚子，改定經義體。汝公公瑱以番僚入侍，撰程文，將書中大註箋註以次補綴，略加雕琢成篇，粘掛府堂國學堂，爲多士楷式。然體裂葩浮，又不若舊體之爲勝也。鼎革後，吳公時任復喜八股文，以阮君憓、陳君文偉掌成均造士司。教鐸者既非士望所歸，而當時學者習於圈套，於經傳大旨全未講明。毎構書藝多摘莊、列荒唐裨野膚淺之說，以相眩鬻而已。

【校勘記】

❶ 正文無此題目，據內文補。
❷ 正文無此題目，據內文補。
❸ 甲本作「十四」。
❹ 底本無「事」，據甲本補。
❺ 底本無「日」，據甲本補。
❻ 此題目甲本無。
❼ 底本無「古」，據甲本補。
❽ 底本無「子」，據甲本補。
❾ 底本無「世就」，據甲本補。
❿ 此題目甲本無。
⓫ 此題目甲本無。
⓬ 甲本作「選」。
⓭ 此題目甲本無，底本作「文體（制義）」，據內文改。
⓮ 底本作「會」，據甲本改。
⓯ 底本無「聖祖」，據甲本補。

四六文體❶

四六文，蓋古詩之變體也。古詩六義比興爲多。故四六文率用駢儷雕琢之工。漢時四六體最渾灝，而未有聲律。唐人聲律❷稔順，文辭葩麗。宋人因之，然氣力較減。仁宗以後，蘇氏父子始創爲新格。不尚搜刻華艷，行灝氣於對偶之中，自成一家機軸。蓋賦體多而比興少，是又四六體文一變也。元、明以後，含茹不及唐，而渾灝亦不及宋，想亦氣運使然。

我國四六，則因元、明之體而雜就之者。洪德間，安邦試錄四六文，曾爲內地所稱，亦見其一斑耳。嘗考李、陳、莫四六之文，及國朝制策章表，蓋端慶前後，爲淳漓升降一大機。就中，端慶以前，警句甚多，而其立言大意通篇氣魄無可瑕纇者亦鮮。端慶以後，涉於疎散輕浮。至于中興，而弊尤甚，蓋或一句一聯，自開門面，語其淳漓、浮澆、繁殺斟酌得宜者，不多見焉。

詩體❸

詩之原委，先儒訓詩反覆詳悉，無庸復贅❹矣。至漢以四言五言爲詩；其餘協之聲律，被之管絃，隨腔逐調，長短繁促，參差不同者，爲樂府。專用七言，多協平韻，而中於音律者❺，則謂之歌，蓋樂府之支流也。平鋪直敍，字冗句繁❻，或始冒而終亂，或似歌而兼詩者，爲賦。至如頌、贊、箴、銘，則又賦之支流也。魏晉以後，辭愈工而氣愈譎。降及江左，而雜以虛無，流於卑弱。世運使之然也。李唐之興，詩有五言古體，五言近體，五言律，五言排律，五言絕句，七言古體，七言近體，七言律，七言排律，七言絕句，長短歌行。而其體則有省試府試，應教，書懷，即事，贈答，賦咏，次韻，聯句之類。詩家之體裁音律，至此始極其備；而取士之法，亦始以詩爲重。省試、府試專用五言排律；應制、應教，則兼用五七言排律。其中又有關韻、題韻之差。其餘樂府詩韻、頌、贊、箴、銘、及諸賦體，莫不斐然成章，井然有條。故當時之士，人挾隋珠，家藏和璧，取材晉、魏，進步風、騷，其盛蓋無以加矣。宋人之詩，多有警者，然賦咏涉於粗疏，比興淪於理障，視之唐人之法三百篇，近者差不及焉。此後，元人工於詞曲，而詩則委靡；明人偏於時文，而詩多纖麗，則欲學步唐人而失之者也。

我國李詩古奧，陳詩精艷清遠，各極其長，殆猶中國之有漢、唐者也。若夫二胡以降，大寶以前，則猶得陳之緒餘，而體裁氣魄，日趨於下。及光順至於延成，則趨步宋人。李、陳之詩，至此爲之一變。中興拘於衡尺，流於卑鄙，又無足言。永佑、景興之間，前輩名公，始多留意詩律。而阮公宗室，翹然爲一時領袖；其次阮公輝僜，又其次胡公仕棟，相繼而起，皆能各自名家。嘗觀諸公之詩，福溪公纖麗華艷而或傷於細，萊石公位致清高，間亦涉於換倣；完厚公專以氣魄爲主，而不屑於絺繪雕刻之工。蓋詩學至此中興。然回視李、陳，諸家恐未可以當伯仲也。

若論舉子場屋之詩，則自前黎以上，雖不能並駕古人，然其命題之意，亦有能彷彿之者。中興之詩，專用七言律，有破題入題，上狀下狀，上論下論，上結下結等句，關韻專❼押用入題句，局促拘閡，從古未聞。故舉子之詩，苟且趨時，率多鄙俚。想二百年間，高才碩學出於其途者，不爲不多，而程度阨之，鮮堪傳誦。應制東閣之詩，則用五言排律長篇，多者七十韻，少者五十韻，或三十韻。其制，關韻押在首句，率用僻題孤韻，迫人於險。故視會試、鄉試詩韻題爲尤難。余每讀吉川據筆至：「時欣逢至治，臣願娶三妻」之句，未嘗不爲之噴飯也。

策問[8]

周官王言之體，有曰：「策」者，即傳記所云：「策命」、「典策」是也。至漢天子臨軒，所以策試士。其制有二。一曰：「制策」，蓋舉古今治亂之原，及當時所行政事得失發問；多士士子[9]各以所見對剔，謂之「對策」。始於董仲舒、公孫弘廷對之文。唐劉蕡以直言下第。宋葉祖洽以附阿首選。蘇東坡擬進士對御試策進呈。南宋文文山庭試卷，讀卷官稱其「古誼若龜鑑，忠肝若鐵石。」及近代之狀元策，皆所謂對策之文也。若夫「制策」，即「對策」，題目如漢武帝臨軒三策；南朝劉宋時試秀才五策，今載昭明文選集中，及後世殿試所稱「皇上制策」是也。二曰：「試策」，蓋郡公所舉明經之士，或天子親策，或太常禮部策試，將所習一大經，及孝經、論語等書之義爲題發問，謂之「試策」。明經人各以所師說對剔。其文主於傳授記問，而不事雕琢，是爲「射策」。

漢書：「河間獻王來朝，武帝發策三十條，王皆能對之。詔報曰：『昔湯以七十里，文王百里，王其勉之。』王歸國縱酒樂而卒。」

唐楊綰請更（定）明經科帖括之制，五策、三策之類。宋范公純仁就試，策題有云：「問子產有君子之道四焉？」公對：「其行己也恭，其執事也敬，其使人也義，其愛民也惠，謹對。」此皆試策、射策之體也。明人以後，合學校科舉爲一途。及其升於公朝，則以進士科爲重[10]，其大庭試士兼制策、試策之體，單爲之「制策」，而士子之文，亦兼對策、射策之體，謂之「對策」。蓋使窮經者不偏於訓詁，經世者不涉於虛浮。其意可謂善矣。

我國李、陳試士之策，余未曾經見。前黎學規試法，詳載於實錄，始以試策爲鄉會、庭試誠決科之準。蓋亦因明制而斟酌之。曾見洪德二十一年制策，曰：「自古明哲之理，寰宇莫不以舉清、斥濁、理財、去貧爲首務」云云。約近二百言，大略先問前代得失，次及當世所行。所問渾融，非含茹古今者不能下筆。宜其得人爲盛。有非近世之所能及也。延成以上，此風略存。光興以後，發問者專以孤僻爲題，對策者亦以記誦爲主。試策一篇，或至十數目，或三、四段，謂之「目策」。博覽強記者，每題對及十六、七、八；每段抄得書中故實二、三十字，使可爭鑣奪雋。

又安能商榷古今，評論得失，而見所學哉。近來發策專就一目爲問，一篇多者數十段，少者十餘段，又少者三、四、五、六段，將經、傳、書、史旁通曲證反覆邀截，謂之「案策」。對策牽強書旨，隨在宛轉解釋，惟求幸中主考之意，而古人之微旨大義，不暇顧也。故達而莅官者，公正少而偏僻多。其致事家居，及解職閒住者，平居無事，或以刁唆自鳴，蓋時習使之然也。景興甲辰、乙巳間，胄監以朔望前一日論文，文官皆在會，聽者雲集。有一婦人請入太學門瞻謁，齊夫擯之不納。婦望門遙拜，曰：「不知聖人當初設教何如，今文官判筆一下，令人無從控訴？」且泣且拜而去。噫！下愚無知，此婦誠不足責，以文學致身者，使民一至於此，亦何心哉！

【校勘記】

❶ 此題目底本作「文體（四六）」，甲本無，據內文改。

❷ 底本無「唐人聲律」，據甲本補。

❸ 此題目甲本無。

❹ 甲本作「贊」。

❺ 底本作「矣」，據甲本改。

❻ 底本作「煩」，據甲本改。

❼ 底本無「尋」，據甲本補。

❽ 此題目甲本無。

❾ 甲本無「士子」。

❿ 底本作「則止進士為取人之定式」，據甲本改。

奇事❶

乙巳、丙午間，鉢場沙津，地面青火浮浮，或削枯竹投之即燃，而桑豆不損。南郊第二重門前，石井水面亦出青火。

水棠之白藤江，流出人頭，似拇指大，戴丁字帽，鬢髮鬆鬆。槌破之，濃血相雜，如魚腦，然味微腥，三日而止。及西人據國，戊午春，白藤江亦流出人頭，戴紅巾，面白，鬢髮與前相似。好事者收置之，數日，乾皺如榕樹子。次歲夏，中都蟾蜍相出，渡珥河而北，其不及濟而漂死者亦多。

辛酉夏，西主北城，居康公府。值連日積雨，中堂前水深尺餘。忽然水落，庭中地陷，深廣各數尺許。大司馬阮文用居城中私第，一日，坐水外堂視事，空中群鳥爭鬪，其一死墜于庭中。未幾移第城外覆浦坊，故王府東北邊。忽無雲而震，外堂雨楹柱樹裂。尋往黃江口措置水防，築壘于沙洲，夜半地忽陷沒大礮三口。其東西立郊天于故博學圜丘，下拜而冠免，皆奇事也。

憶景興之甲午，余年七歲，隨侍先大夫於河口私宅。一日出通衢，路人群立，拭目雲表。余亦隨之，見太陽已❷昃，其色赤如血，析而爲二。後嘗聞朋輩言甲午平南，聖祖盛王，御五龍樓，送皞公出師。樂道楊公浹時方在京朝侍。日向昃，北回富市，問其門人阮公漢曰：「子有所見乎？」對曰：「有之，見二白龍自北而南，未幾，復自南而北，非當出師時乎？」楊公曰：「然。」阮公曰❸：「此行必克，但天道好還，兵爭方始耳。」時，余年尚幼，國家承平，見先輩長行，每以喪亂爲慮，輒竊笑其迂濶。及長，身親〔見〕之。夫興亡固有定數，而天乃屢出災異以警懼之，可見仁愛之至！楊公身爲卿士，見白龍之兆，不以告君，而私評於下，又何耶？

丙午之春，青威約禮井水鳴，汲歸私宅者，壇中如小雞子聲，喋唼不休，以手扣壇則止，少頃復作。辛酉二月亦然。故舉人曾君玲之弟嘗爲余言之甚悉❹。

西人戊午歲，南策、先明一縣，野外地鳴，周回二十畝，如物之且走且啼者。武分率曾發兵丁掘其地，無所見，靜聽之，聲在四旁，往來不絕。

辛酉春，至靈傑特，地柝五十尺，測之無底，邑人以土幸蓋之。

近庚申歲，夏橋門外，一家婦女，偶他出，主人獨在內室，適測近遺豬肉，置之室中，出門閒眺。既返而肉不見，意爲貓所竊，怒詈之。貓忽作人言曰：「誰食肉而見詈！」主人駭而出，鄰里驚異。余在京聞之，猛省景興壬寅聞有牛作人言者，但不知何言耳。

吾邑西北，普天寺屬吾總楊舍，四旁皆吾邑地。俗傳，寺原屬吾邑。古有歌姬，道經寺門，爲寺中龍神打死。時橫死人連累者，猾吏刁豪，輒藉事滋擾。吾邑人懼之，推歸旁邑，故今爲楊舍。寺中伽藍與龍神最靈，而歌姬之鬼，至景興中年，猶憑寺後榕樹，時出爲行客患。美色少年遇之者，多不起。堂之前左右各一井。左井側，古松巍然螺蚵，農夫夜行，時見赤精，似黃柑大，從雲表降于樹梢，或自樹而上。人以爲北客藏窖，亦疑爲天地之精。

景興庚申之前，吾邑東閣武公明楊，夫人范氏，嘗藏銀船于寺。藏銀之僕，爲質賊所掠死，船逸不可得。獲澤汝公廷瓚，好青鳥術，嘗欲徙寺，葬其先。龍神附童體，與公爭辨，得不徙。余十二、三時，火居道士某，原籍楊舍，嘗治地得一瓶，因塑像數尊以答神貺。二十年來，吾海陽屢經兵火，而數椽梵宇靈蹟猶昨云。

僊佃阮氏⑤

宜春僊佃阮公儼，起家白屋，少年登進士，歷仕臺部，參從府堂，十餘年致仕起復。景興甲午，以大司徒，春郡公，充平南左將軍，卒封福神，榮貴極矣。長公名侃，爲風流進士。登第時，賜宴禮部堂，司徒公爲禮侍，親爲簪花。當時傳爲盛事。聖祖盛王在亮國府，長公爲番僚，曰侍內讌，王以布衣交。丁亥歸一陞知番僚，兼管一雄奇，爵喬嶽侯。時海〔內〕承平，王頗好遊幸，賞花釣魚之會，必與之偕出，爲侍從。入則小衣窄袖，往來宮掖，特頒出入與監班同。王每賞歌，多命長公侍坐，以涼巾便服倚御床，操桴點閱。暇日，幸西湖，侍臣、儒士排列四岸，王與鄧、宣妃並坐，長公陪侍御前，流覽笑談，與家人友朋無異。宮中假山、側海、花石諸景，必經長公點綴乃可王意。累差修理，龍珠、紫沉、湧翠諸行宮。陶鎔水石，詮譯風化，以此數蒙嘉獎。尤喜聲伎，精音律，每翻樂府作新聲，筆纔落稿，教坊歌工已爭傳習之。余詩所云：「按拍新傳吏部歌」，指其事也。嘗以事請假，王以韓律詩馳賜，詩云：

五錢已罰不來朝
又罰五錢未赴鈎
寄倆回家清夜思
再三繼罰每來朝⑥

蓋以外朝及內釣魚，公方在假，不赴，各罰五錢，以戲之。長公叩和以答：

傍佛私家必告朝

番朝猶闕況番鈞
望恩受罰王親愛
此是王頒每就朝⑦

王甚嘉之。一日，家宴茗飲偶鈌（缺）。適中使以事至其第，不暇具啓，手書：「臣侃乞茶一兩。」馳進王，特賜茶葉一匣。未幾，陪從府堂。司徒公方以重臣領參從，父子同居相府，古今所未有也。

長公第在碧溝之南，西屬僊跡寺。王爲黃正妃，追進所作也。每御駕臨幸，時乘小舟，由龍鱗渠出僊跡湖，抵其第，見妻子，蒙慰問，寵幸無比。王元子棕郡公出居，內傅炘郡公阮芳挺私第，長公與李公陳坦充左右司講官。李公卒，遂專爲司講。長公正室徽夫人卒，王顧寵衰，居司徒公喪，命從武班例起復。會庚子密案，元子家臣遵生侯、溪忠侯，皆死於獄。長公與炘郡公，連坐堅監。王出乞茶帖，示府僚，明其素慢無禮。壬寅冬，三府兵作亂，殺署府琠郡公，擁立端南王，王親卿郡公、參從泗川侯、監班棪郡公，各得罪。長公以國師擢吏部尚書參從，賜爵纘郡公。弟次公條，擢權都督府事、佃嶽侯，同居政府。輿情不協，三府兵復亂，破長公及王舅，署府事中，威該管楊侯第，殺首號造士霑忠侯。王不得已，出長公兼領山西、興化二鎮。遂與山南鎮碩郡公黃馮機謀，募四宣義士，誅驕兵三府。大譁，將不利於帥府，謀復寢。丙午，國變，昭統登極。西兵既歸，長公以勤王兵入覲，得病卒於京。時次公歿已久矣。

司徒春郡公，嘗歸乂安。夜夢一婦人乞命云：「方娠未娩，倘得母子團圓，皆相公賜也。」明日，有大鯉魚來獻。公見魚方孕，立命放之。復夢婦人來謝。今僊佃阮族，不食鯉魚，蓋遵公戒之。

春郡公兄僡，仕至參政卒。毅祖西征時，夢見文官一員，涼巾青吉衣，率家丁五百餘人拜謁。王問之，對曰：「臣故參政阮僡也。聞大駕平西，請率家丁扈從。」王頷之而悟，賜王爵，褒封中等神。

阮公侃酷好聲伎，期功之喪，輒隨服之輕重，以錢贍孝子替之，不廢絲竹。及丁司徒公憂服日，命家伎度曲，謂之「藍詩」。戚畹子弟，多效之，幾於成俗。按公之風流富貴，福履可謂厚矣。乃方管兵，時屬下兵，譟欲殺之。竄于內府。王爲之易管，得免。後復見辱于驕兵。而其他得喪窮通，亦爲倚伏。意者，有以致之歟？抑亦造化之忌盈也？（藍詩俗號喃詩❽）。

庚子客案，成於吳公時任，以功陞工侍。時人爲之語曰：「殺四父而侍郎，忠安用孝？」遂不爲公議所容。弟時倷簽知刑番，嘗撰一統志，雖於密案一節，略加彌縫，然所載宮府之事，源委多得其祥，不可概議也。

【校勘記】

❶ 此題目，正文無，據內文補。

❷ 底本作「日」，據甲本改。

❸ 底本無「阮公曰」，據甲本補。

❹ 自此段至書末，甲本闕。

❺ 此題目，底本無，據內文補。

❻ 原作「乇罰𠀧銅補磊朝吏罰南𠀧銅補少鈎𠺺𠰉翁𢣂衛抾帝駭群罰女𡚢諸傕兜」，乃喃字，直譯成漢文。

❼ 原作「傍佛朱𨨧沛告朝番朝群告怒番鈎𩛂恩罰典羅傷典意貼茹養𡚢諸貼兜」，乃喃字，直譯成漢文。

❽ 原作「踈藍」，乃喃字，相當于「喃詩」。

榕樹❶

吾邑神廟榕樹，每邑中發大科，樹間輒迸小枝條，週迴自繞如束帶。然景興壬辰，榕樹復出帶，僅週其樹之半。是科，武公宗香登第。

按武公原姓陶，其先嘉林之古碑人，客於吾邑，至今公纔三、四世耳。聞古碑有古木棉，邑中有發科者，樹始花。壬辰歲，曾開一朵。以草木無知，而報信不爽如此，亦奇矣哉。

亭祖市村之土星❷

吾縣亭祖市村之東，有一土星，在右金星對拱，風水師家稱爲雙童講書。其地接吾邑西界。吾邑人相傳，清夜嘗聞童子讀書聲，景興丁亥、戊子間，聞之不見，將出而傳世耶？抑氣之聚者，時而復散耶？蓋不可以理測也。

祀典❸

古者之有天下者，備郊廟雩禜、海岳山川之祀。其次，有一國者，祭封內山川，至於閭里之民，則不過里社之祭而已。所謂里者，合十五家而責之，有守望友助也。所謂社者，祀土穀之神而已，勾芒后稷配之也。至於先聖、先師、明神、靈祇，以及名臣良將，義夫節婦，孝子順孫之祀，則享之有時，奉之有所。蓋有舉者，莫敢廢之；而無者，亦不必強使之有也。我越自駱、雄建國，中間附於漢、唐以及丁、黎、李、陳之世；郊廟山川之外，其列于祀典者，陳人越甸幽靈錄二十有九祠。其後代有增益。光紹、統元之間，籍于祠部者，百有十祠，非國家正祀。與夫有功於國，能去大災捍大患者，不得與於茲也。光興之間，世宗皇帝，恢復中都，追錄先朝名義之臣，立祠致祭，凡二十有七；其他顯靈効順、確有功狀者，以次褒封，故祠祭之。版籍日繁而條分縷晰，然亦未至於謬亂也。

承平日久，民俗寖訛，豪斷之民，居積之戶，釀飲賽神，自鳴得意；葩冠儼服，爭似驕奢；行貨求封，無所不至。於是，神人雜揉，祀典混淆（殽）。習於尚鬼者，下趨而不自知。利其苞苴者，恬然而不知禁。使樗櫟之鬼，謬被綵綸；牛犬之妖，濫頒華袞；而正直之神，或累經兵火，碑碣罕存，或久歷巳庚，傳聞寖舛。欲質之書籍，而刊行有禁，梨棗無徵；欲訪之閭里，而避諱成風，黃鱈失考。非得遜敏之士，搜刻之功，則正祀之與淫祀，將無所別矣。可不爲世道之嘆焉。

吾邑西南有野寺岡，俗名：「棟厨」。曠野中，突起一堆，如銅鏡形，小水繞之，鏡柄即脈來處，青鳥家所謂入脚脈也。古傳，牧兒戲構小寺；長者，因而成之寺，頗靈。庚申、辛酉之亂，燬於火，今惟頹然土阜。暇日遊陟，逸思遄生，不禁今昔興廢之感。

水中有溺死牛鬼，風月之夜，時或戲浴波間，田夫野老，往往見之。夫溺鬼有之，至如牛溺而爲鬼，則稗官野乘所不載。可見宇宙之間，無物不有也。寺前隔水，有田間小陌路，南通亭祖之如陵村，北通亭祖之祖市村，官路在寺之北，約一箭許，抵黃蛇岡，如長蛇蜿蜒。西北峙金星一堆，或指爲黃蛇聽蛤，俗名「同處。」南寺半里，有臥象岡，俗名「象子處」❹。故蓋青鳥家所謂「貴人出帳」形者也。

吾邑坦俸之西，有大岡名楊塚❺。舊吾邑地中，聞以普光寺故，却歸楊舍，遂以楊名其岡，從楊舍之俗號也。週迴十數畝其形如獨鯉化龍，魚腮凹如蓮花開瓣，中突平頂金一堆，如蓮蓬然。古塚累累，正中二墓爲楊、武二家發富地。景興庚申以來，二家各寖衰矣。腮之西南，爲魚眼，刓金一突，探花武公晟祖墓在焉。墓前小洼，爲內明堂，方圓五、六尺；又其南，則初龍來處。堪輿家以爲「面前八字水分。」故公之後人，多離祖而蕩產者。未知是否？余謂此說果然，則倒騎之地，皆不聚財。驗諸墳，不能盡合，恐未全信也。武公祖墓前小洼，夏溢冬涸。俗傳有魚鬼，清夜每聞騰躍聲。車水以求之，則無所見。不知其何怪也。

喪禮

喪自初終，至遺奠，古人猶用「事生」之禮；惟賓客吊賻，始有賻狀祭文。近代，飯含設靈座，成服以及上食、七七，率用祭文。其祖父有功業德行者，過辭誇誕，已不合禮；乃有起於貧賤，無一可道作文者，亦捃摭平生行事，塡入對偶，以爲切當，而不知自誣其親也。可勝嘆哉！

廟禮❻

禖神禮，御前殽饌，循藍京俗，惟用牲肉、炙胾及時品菓食，全不加文。謨師喃喃用哀牢語祝釐，大約遍請皇上、年命、臟腑之神，以祈聖壽。祝訖，用牙錢二，一兩肩，一兩背，擲地，以代環珓，蓋狄青之遺意云。

內殿內從民例五百社，率多山海，貧瘠逋欠者多，故需要不給。太廟至敬殿諸忌辰，牲牢瘦小，殺饌非薄，糖餅用梔子汁，密（蜜）餅用南茶汁，皆有色而無味。余少時，過太廟門，值列聖忌辰，曾見一衞士擔二牛，或一人擔粢盛四盤。想周、魯衰削之時，亦不至此。

臣禮 ❼

裴公輝璧嘗云：鄭氏自仁王以前，猶執臣禮。王府僚屬止設戶番、部兵番、水師番、令史內一番，六部猶未失職。百官啓事，稱「愚」。府堂視政，百官用平頂帽，青吉衣，參拜侍立。府部大臣，則拜訖就坐。蓋用相府廷參之禮也。擇閣見客，百官用涼巾、燕尾巾、青吉衣，拜畢以次就坐，款接芙茶。蓋相府賔賓之禮也。

王府朝見，雖已免拜，然嗣王即政，受册之後，必親行朝拜。熙宗皇帝八十壽，仁王具朝服，立龍墀之右，親率百官拜賀。皇上命於拜位，設七重席，以表異之。及順王嗣政，始置吏、戶、禮、兵、刑、工六番，以奪六部之權，以掌署參陪，爲政府大臣，而朝堂遂爲虛設。啓事易「愚」稱「臣」，府堂視政，稱「視朝」；擇閣見客，稱「客朝」。府部大臣，須有旨賜坐，謂之「坐堂」。而王府朝拜內殿之禮，遂廢不講。王府指揮，舊稱「令旨」。其後，惟歸一日，春首開璽日，粘新令旨於府堂閣門。及武階出身，六宮勾稽，該合有全旨。其餘，則稱「旨傳」、「旨諭」，而凡事稱「御」，稱「聖」，與內殿無異矣。

【校勘記】

❶ 正文無此題目，據內文補。
❷ 正文無此題目，據內文補。
❸ 此題目底本與甲本皆有。
❹ 原作「猑猲」，乃喃字，相當「象子處」。
❺ 原作「墕楊」，乃喃字，相當「楊塚」。
❻ 此題目，正文無，據內文補。
❼ 此題目底本與甲本皆有。

拜禮❶

古人有九拜：其數或二或四，或六或八，惟禮之大小是親。左傳：「齊桓受胙再拜。」文獻禮考：「侍中傳制，侍制官再拜。」是朝賀有二拜矣。大禮百官舞蹈四拜；則朝賀有四拜矣。」司馬公家禮：「時歲慶賀大禮，前四拜，後四拜，或中間獻酒祝釐，兼用二拜」；則人家平居，有二拜、四拜矣。喪禮未葬之時，遣奠四拜。既葬之後，虞祭逐節皆用二拜。則二拜、四拜，非以此爲未葬、既葬之別也。若夫朝賀之五拜三叩，始於明初，三跪九叩，出於滿俗，則非古人之禮云。近代，朝賀專用五拜，而祀前後，仍用四拜，最爲可疑。至於二拜，正和會典，朝禮或猶用之。而民間，則以爲喪家未葬之凶禮，或至賓客吊賻從而用之。有問之者，輒曰：「從主人孝子。」初喪，括髮躃踴；既殯，斬齊泣哭。而吊者，於初終則免惕；既殯，則素服，未嘗與主人同也。此不之從，而惟拜之從，果何意乎？

嘗按古禮，喪自初終至祖奠，皆用二拜，而無祝辭。蓋家庭事親之常，以事生常禮事之，不忍死其親也。遣奠之祝辭曰：「靈軒既駕，往即幽宅，載陳遣禮，永訣終天」。味此數言，則遣奠不得不行四拜。譬之親在將有遠行，子孫臨別，而行大禮也。虞之祭，雖云已葬，而孝子之心，皇皇兢兢，未忍全用事鬼之禮；故有獻祝文，而逐節猶二拜。堂禮卒哭以後，始全以神道事之。「降神」、「辭神」各用四拜，大禮矣。若夫，賓朋之情，與父子異，故賻儀，必用四拜，所以致其別也，而何從主之云乎？

古人祭酒，所以祀先代，始爲飲食之人。一席之中，惟長者爲然，卑幼不與禮，所謂君祭，臣先飲者，是也。未葬之前，奠而不祭，孝子不忍死其親而代之祭也。既葬以後，則以神道事之。故三獻之時，鬼神不能自祭，而主人爲之代祭。禮意井然有條，世人不此之察，而顧以二拜、四拜爲吉凶之辨審。若有之，則吉祭之獻，何以亦有二拜？況葬而未祥，猶從凶禮，何可以爲吉乎？

官名❷

前黎之時，以司馬、司徒、大都督爲眞相之位，五府都督次之。行遣文臣，但備顧問，行文書猶明永賴間之學士爾。洪順以後，始有平章軍國重事。是時，朝政不綱，因事不置，未嘗載之官制。光興以後，則文班，首官班及參預朝政兼掌六部，皆爲文相之任，與五府都督、六部尚書，並爲朝堂大臣。王府雖以文官參從府堂，陪從府堂，然亦只辨王府公事而已。其後，政歸王府，武階以都督掌府事，署府事，權府事，爲重臣；而五軍都督乃爲加官。文階以參從陪爲眞將，而六部尚書爲散職。世變各自不同。至於六番、添差、知番，用進士文臣；副知、僉知，用監生文屬；蓋與六部尚書、侍郎、郎中、員外實同而名異也。乃監班內臣亦有知番、僉副者，甚以掌署秉鈞衡。此則中國之漢、唐，我國之李、陳，所未有也。史載順王總政時，置武班、文班、監班爲三班，誠曠古所未見；但不知朝會時，分班侍立，等級如何？惜不得其詳云。

喪卞❸

禮載：「孝子三年，君命不過其門。」是公家之事所不及，可謂不奪人之喪也。近代喪家，惟文班得棄官終喪；武班雖無金革，亦援起復之例，班朝治軍，略無愧色。其餘，士庶之在官府者，雖居重喪，而在公辨事，無異平日，惟服青吉衣，略減火明色，稱爲角色；蓋即葵色之制，而稍異之也。噫！求忠臣必於孝子之門，曾是之謂乎？

喪禮三日而殯，四日而成服，三月而葬，週年而練，再週而祥，中月而禫。蓋三年之終喪，所以教民之中也。然自初喪至禫，首尾纔二十七個月。孝子之心無窮，故有終喪，援之琴而不成聲也。近代，乃有卜日擇月，踰年而成服；是二十七月之中，披麻守孝者無幾。可慨也夫！

禮云：「臨喪不笑。」傳云：「子食於有喪之側，未嘗飽也。」世俗有喪，奠祭之後，大召鄉鄰，廣陳食品。喪者既忘憂親之心；食者惟肆口腹之欲。非仁人之所忍聞也。亦有窮閭下里，薄俗相因，群聚喪家，肆爲飲啖。自初終至于喪日，稍不如意，輒援鄉例，賣田園以供其口腹。累經條禁，而此風猶未盡革，亦可怪也。

喪禮成服，蓋既殯之後，喪者各服其服，而守喪於亡者，初無預矣。世俗於成服之日，廣爲饌品，大陳奠儀，爲之鄉鄰者亦至日群會，撰祭文，講儀節，泛青浮白，與慶會無異。果何心耶？喪禮，惟祖奠、遣奠有奠虞祔練祥，遷禫有祭。其餘則朝夕上食，歲時嘗新而已。近者有七七、五十日、百日，告夏，夏奠、送夏、陳冥、器中、元焚、冥器諸節，蓋出於釋氏，而非古人之禮也。其說謂：死者逐七日閱案於閻羅天子；夏，冥府以盛暑，錄繫囚，故必設齋飯，轉僧求福。至於七月十五日，釋典以中元、地臘之時，冥官閱定罪案，故作佛事以度亡，焚冥品以資用也。愚俗於此等日，殺牲陳饌，大會親賓。如以其說爲幻，則非禮之祭，非所以事親；臆或有之，則閱案錄囚之日，戕殺生命，以滋其過，無乃未之思乎？

祭禮④

古者奉先之祭，如禘祭、祫祭、四時之祭、時物之獻，自天子至於庶人，以次第減忌日，則追遠感時；至其哀思，初無祭響（饗）之禮。禮記所謂：「君子有終身之喪，無一朝之戚」，是也。

永平間，佛教入中國；事佛者於忌日延僧持經，以資冥器。至唐，忌日，天子若宰相，率百官詣寺行香，聽僧講經，長跪佛前，以炷香爲度。士庶化之。宋人忌日，致祭于景靈宮神御，飯僧百人。士庶之家好佛者飯僧求福，否則設奠將誠。蓋世道既降，情文日繁。故問於伊川曰：「忌日有祭可乎？」先生亦不之斥。其後，朱子始因人情，爲立儀節。然明人忌日之祭，但行於孝敬殿，而未嘗以告於廟，亦以其非出於古禮也。

我國俗於忌日，極力經營，或至假貨以供盤饌，飲客宴賓，曾無哀戚。蓋去古愈遠矣。謹案朱子之意，參以我國之俗，則忌日致哀於禮，亦可以義起。況我國四時之祭，既不復講；若忌日無祭，則除俗節嚐新之外，所奉先追遠者，無幾。不妨循俗而行，但不盛饌延賓，而忘忌日設祭之意，可也。忌日延賓，近代習爲往還之禮。夫往還誠不可闕，然娶妻、生子、除官、遷職，以至歲時嚐新，皆可以爲宴客之地，何必拘於忌日乎？

【校勘記】

❶此題目底本與甲本皆有。
❷此題目底本與甲本皆有。
❸此題目，原置于故事中間，現移于文首。
❹此題目底本與甲本皆有。

拜禮❶

周禮有九拜，有肅拜。蓋就位而揖，揖畢而跪；每一拜則俯首，而兩手拱揖至地；拜畢，起立一揖而退。婦人之拜，似之。其所以異於男子者，婦人以二拜當男子之一拜，謂之俠拜，是也。婦人惟初歸舅姑及喪夫稽首，其餘皆用肅拜，雖見君亦然。近代，婦人之拜，半坐半跪，傾身而合掌；蓋俗之流失也。古者，君之於臣，翁之於婿，長者之於卑幼，皆有拜。載在尚書、儀禮、禮記、左氏，可考也。秦人尊君卑臣，天子始無拜臣之禮。宋度宗拜賈似道，江萬里面叱似道於庭，蓋古今不同也。卿士以下，猶循古禮，或卑幼固辭，用肅拜答之。至於所謂揖者，自是周旋之節。禮稱三揖而進，亦泛言相接之禮而已。

我國公堂相見，下官亦揖長官；册封侯接陪臣，亦揖册使；卑幼之拜尊長，禮畢亦揖而退，周旋揖遜，禮固然也。近代，喜事者不究古典，專以揖爲尊長臨卑之禮，卑者不當施於所尊，拜畢挺身而退。直情徑行，且揚揚以好古自許，每念及此，不禁爲之噴飯。

黎利傳❷

黎祖在藍山，時與明人戰，少却，部曲星散。田間一老翁及其妻埘水而漁，帝解衣入泥偕作。遣兵至問：「翁黎某曾過此否？」翁答：「不見。」帝傾耳而聽。翁叱曰：「癡兒何不捕魚，干汝何事？」追者不疑而去。及暮，翁請留宿。家畜一猴，殺之以供饌。盤問鯽炙及猴肉湯餅，意甚虔。其後，太廟饗祀，以翁媪侑，俗稱：「猴翁」、「猴媪」。牢盛之外，具魚炙猴湯，如當初享帝之饌，以旌其功。中興以來，有司或不能給，每用黃牛肉以代猴肉云。

先朝自政歸王府，內殿朝賀，呵禁頗疎。余少時，嘗於龍墀，見武班之上，設護國夫人位神象。人首，貍身，貌甚美，蓋少女而簪髻者也。心怪之，歸以請於家大夫，先承大夫談及太祖起兵時，爲明人追迫。途間見一女屍，拔刀瘞之，祝曰：「卿能陰佑，他日當有以報。」既而，追者甚迫，上隻身入叢樹中。敵縱獵犬覓之，犬向樹而嗥。敵注槊叢間，中上股，上以御衣接其刀。敵見槊刃無血，而犬嗥不已，持疑不決。忽，叢間一物，人首貍身，突圍而走。犬群逐之。敵怒斬其犬，曰：「畜汝爲獵乎？」後，帝得天下，即其處建祠，敕封：「護國夫人。」清廉一邑，亦奉之，稱：「護國狐神」兼「大王公主」之爵。蓋累朝加封，祠部失於考訂之過。余常代人作褒封神敕及之，文載別集。

册封

先朝册封，凡事必經朝議。館伴侯命，亦妙選能臣，然每於理外求勝。如叩跪之禮，既行於康熙，而龍德景興，往往欲講踐五拜三叩之禮。余嘗見明圖周爍，往復議論，載在殊域周諮。及景興辛巳，伴接集載册使德保、顧汝修議禮咨文，談及拜跪一段，有云：「既雍正六年遵循時典，令又改易，礙難從教。王如欲據情陳奏，可否出自聖衷。今日之事，使者不敢擅專。」又云：「以王恭順之誠，凛遵朝廷之禮，益表肫衷，何須另議。」其議迎接一段，又云：「至於迎接龍亭，必在國門之外，王既侍立，使者降輿相接，而升階至階下，觀瞻既肅，豫順彌昭。」其議演禮一段，有云：「竊恐使者隨從人役，與王之人稍相齟齬，以王大慶之期，豈容更滋旁議。意欲於前數日，使嗚贊人役，詣王殿庭，演集儀節。王亦親臨，俾知贊引云云。」味此數語，開曉、反覆，不憚辭費，而言意之外，隱然可見。蓋我之所爭，每以自高，而不知適以自卑也。安南志以四字蔽盡南人，且曰：「銅牆鐵壁，牢不可破。」每讀至此，不禁爲之掩卷。柄國者每每置之度外，何耶？

喪祀

喪禮自阮公全安之後，遂弛妻妾孕婦之禁。蓋仁人之心，而亦廣孝之一端也。然此時爲嗣續未廣者，開此一路耳。至於與此異者，亦冒而行，吁可怪矣。

喪誌

成周以前，青鳥之術，未行於世。孝子之喪其親，必於國邑之北，愼擇爽塏之地，以藏其親之體魄。且必稽之鬼謀，或卜或筮，望其異日，不爲城郭；不爲道路；不爲水火盜賊之所犯而已矣。商之中微，而成湯太甲之墓，不改卜於武丁。周之中衰，而文武成湯之墓，不改卜於宣王。降及春秋夫子，固天縱之將聖，又多能也，乃葬其父於五父之衢，後始合葬於防，而孔林之兆，亦未嘗先爲之壽藏之計。今載在闕里圖志，數百里間，山川廣邈，求之風水家「牛砂蝦水」、「官鬼龍虎」之說，全不相關。則古人之所謂卜兆者，可知矣。

近代，惑禍福之說，卜玄堂於絕地，藏貍首於異鄉。有廟主未祧，家聲未艾，而歲時祭掃，已弗知其處者。曾是以爲孝乎？古人之葬，銘石於壙中，謂之誌，立石於墓前，謂之表；誌字，古今通用，表字，後或稱爲神道碑。冉伯牛墓，後陷而爲沼，墓前之寢訛爲牛大王廟。好事者，爽水求之，得其墓誌，始正其誤。曾子之墓，後人已失其詳；或得縣官古籀石碣於嘉善山中，乃表於世。此則墓誌之驗。孔子手書：「殷太師比干墓」六字於妹都，至今瞻者起敬。歐陽文忠公爲其先作隴岡阡表，曾入水府，而復出於蘆陵；至今，「祭之豐不如養之薄」也八字，朱圈如昨。以至王文正神道碑之類，皆墓表也。

近者，喪者多無表誌；日月無何，而封樹已改，累世之後，見之者無從追考。舒池一邑，奉欽天大王，墳寢失考。其後，掘由芽竹根，而得銅棺，意爲王墓，始加封植。使用木棺，不幾於見毀乎？輿道王囑其子輿武王，以火葬，藏骨環器，密埋安樂園中。載在陳史。而舒池有輿王墓誌表鑿，近歲爲河水所嚙，邑人遷之高原。使無碑表，不幾於陷水乎？人子之欲孝於親者，可以悟矣。

【校勘記】

❶ 此題目底本與甲本皆有。

❷ 此題正文無，據內文補。

祭相❶

古人之祭相君者，天子用辟公卿士，諸侯用卿大夫士，卿大夫用邑宰家臣，士用子弟僕隸。降及後世，天子之祭，則百官各供其職；官府州縣之祭，則有禮生樂生。若夫家私饗，外事用子弟，內事用婦女而已。近代，每邑有斯文會，非科目紳宦，不得預。家人私祭，必請文會相之，蓋爲庶人無宦者，不得輒用冠履故也。然捧爵薦饈，皆家人子弟所執之事，今以責之顯貴縉紳，及雍泮袂曳之士。以朝廷之公服，供私家之賤役，毋乃未之思乎？

公家之祭，詳見典禮，未暇贅談。姑即士庶言之，蓋與生事者，甚不相遠。主人進饌，則主婦進羹；主人侑酒，則主婦挿箸加匙。祝板、酒壺，皆在東階之下；東階之東，則爲東厨。臨時，婦女親司烹飪，逐節牲饌殽胾，隨熟而獻，壺合盤□□奉，卑幼者任之。甚得平生饋食之意。今却預設殽饌，全無羶薌苾芬之氣，然後行禮，進退周旋，彷彿優孟，如在之義果何居乎？且祭時，陳設多不合禮。中古食案香案，其高與生人所用無異，祝畢，執事捧祝文，置香案之右，即主人之左。祝板用方木，尺有二寸，無木鐵也。近代，香案高而神座卑，內外全不相見；奠祝之時，用有鐵木板，側立案上中央，背神主而向主人。設使復用古人迎尸之禮，當座之前一物不可見，一步不可行，不知成何模❷樣？又案前拜位兩旁，各設小桌，安置酒壺、香盒、祝板之類。鳴贊者依桌而立，主人跼蹐周旋其中，望如牛欄然，又不知出何經典也？

洞庭湖神③

天施士黃黃公平政，以山西承政司左瘼，登景興乙未科進士第，官翰林。時居河口坊宅，嘗夢一美人，宮粧治服，時來欵合，如人家夫婦然。初疑其妖也，久之，體益康強，起居無恙，亦弗之怪。無何，夫人病，增減靡常，如有憑焉者。伻人往萬刼，禱於興道王祠，換取祠中席，歸以薦諸寢榻，病少殺。尋，復如故。公夜夢美人曰：「妾非人祟者，興道王其如我何；所以小瘥，爲王體貌地耳。雖然，夫人病行將愈矣。來月，有命公當司臬於海陽，妾請陪侍巾櫛。」已而果然，公遂之海陽憲治。次夜鷄初鳴，夫人語長公子璉曰：「夜來夢一美人，如妃主狀，據宅之內堂，婢妾群從甚多，命治行如海陽，或請留守舍否，美人命皆隨行。已而夢覺，想吾病當愈，今忽思食，兒可具饘粥以來。」公子如其言，病果瘳。歲癸卯，朝議以公充謝恩，賜部正使。濟河之夕，夫人夢美人從宅中，登輿出門，謂其從者曰：「此行，相公當偕我留北，不復南來矣。」是夕，公宿嘉橘驛，忽遘暴疾，三日不省人事，及略醒，召其兒，語以平生之夢，且曰：「昨夜，夢人來道前生事，曰：「公前身爲洞庭湖扁山夙緣祠神，與妾有夙緣。降世以後，妾幽居煢獨，支用弗給，至命侍婢賣花以供脂粉。今國事不可爲矣，謫期已滿，公盍返其初乎？」某以王事爲辭，請得復命。美人曰：「如是又一年矣。然公旣必欲復命，妾亦何敢強邀。來朝將有餽鳥者，食之當自愈。」言訖而覺，想覲還之日，未必能返城都，凡事惟兄料理。」隨命公子設告於夙緣祠正氣神及公主位，大略求濟國事。如夢中所言，次早內該魯溪社民餽鳧鴨及黃雀鳥；公命烹以薦，病體頓健。及泛洞庭湖，泊舟扁山之下，命隨人以香幣上山，見山間一廟，扁題：「扁山夙緣祠。」旁有某公主位，與所夢符。是夜入江，夢一婢致辭，餽二鯉魚。及早，開船中流，魚躍俠舟，得鯉魚二尾。甲辰南返，過扁山時，水漲風烈，舟不得泊。忽然暴風櫓折，船擱沙上，幾危而僅濟。乃換舟而行至諒山城。夜夢美人賀曰：「國事濟矣。」公復力請復命。是夕病暴作，復瘳。以乙巳正月二十九日，抵都城，屆晡。而余嘗聞諸長公子云。

我國前輩，多爲內地之神，亦多在洞庭者，如阮公仲瑋之事，余既載於桑滄偶錄，與此所傳黃公，夙世因緣，皆事之甚怪者。

又嘗聞，阮公世既沒，其同年有奉使如北者，將泛洞庭湖。夜，阮公具道：「爲神於此；來日，湖中有小刼數，勸勿開船。」及覺，托故停船。是日湖中果有風濤之變。意者，洞庭之與我國，自涇陽王以後，世爲友邦，故人神因果，往復循環[4]，非山川之所能限歟？然此皆不可以常情測也。

先外舅尚書公，吏侍都臺，充丁酉貢部正使。時公年踰耳順，登朝四十餘年，奉使之舊例之所不及。擧朝莫曉其故。既而盛王召入中和堂，密授以奏書，表求，封副國王，且曰：「事濟之後，當與國同休。」公知王意已決，不敢固辭。戊戌六月，泛洞庭湖，忽得疾，要副使胡公士棟、阮公仲鐺，屬以公事，繕寫遺啓遺禀，且出帥府密表，對二陪臣焚之，以十日沒于舟。次遺語無得用水銀斂。胡公挽詩有云：

皇華兩度賦諮詢
淵德耆年更幾人
共羨邦交閑玉帛
證知僊骨壓風塵

生芻淚灑同舟客
載筆各歸狗（殉）國臣
惆悵太湖秋月色
夜來猶照屋梁頻

蓋有所爲也。其後，吾邑人時夢公從北回，騶從執事皆內地服云。

換改❺

偶見別錄所載：先朝光順七年，改六院爲六部，置十二承宣，改路爲府，轉運爲知縣，巡察爲縣丞，江北道爲京北承宣，梁江府爲紹天府，應天府爲六譚府，椽吏爲社長。洪德二年，改天長承宣爲山南承宣，清潭縣爲常信府，應天縣爲彰德縣，崖州爲瓊崖州。三年，置各道清刑憲察使司。四年，改上洪府爲仁洪府，下洪府爲天雄府。六年，仍復上下二洪之名；以中都永昌縣爲中都奉天府、永昌廣德二縣。改書科爲吏科，濫科爲戶科，東科爲禮科，南科爲兵〔科〕，西科爲刑科，北科爲工科。皆北史所不載。

嘗見洪德問詔獄，御製判文，及諸司判文，皆用駢麗，與中土同；其間，援引禮律，斟酌人情，最爲曲暢。近代，決獄判辭，率意下筆，全失古人判文之體。有略用對偶者，則相與非笑之，始有曲直、少曲、少直之例。鹵莽滅裂，奸弊日滋，誠可慨也！

【校勘記】

❶ 此題正文無，據內文補。
❷ 原作「謨」，據文義改。
❸ 此題正文無，據內文補。
❹ 原作「有」，據文義改。
❺ 此題正文無，據內文補。

敏軒說類

黃文樓 校點

敏軒說類 出版說明

敏軒說類，抄本，編號 A. 一〇七二，現藏于河內漢喃研究院圖書館。全書共九一頁，爲本世紀初法國遠東學院所抄錄。

據陳文甲越南作家略傳❶載，敏軒說類是高伯適的作品。漢喃書目作家目錄❷也肯定這一點。最近出版的高伯適詩文❸也把敏軒說類列入高伯適的作品。

高伯適，字周臣，號菊堂，又號敏軒，一八〇九年出生於嘉林縣富市村，即今河內市郊的嘉林縣決戰社。他是高輝講的兒子，高伯達的孿生兄弟。

高伯適從小，以「神童」出名。一八三一年鄉試取第二名。但經禮部考閱後，却名列榜末。其後，會試，連考不第。

一八四一年，因負有才名，除補禮部行走。在京期間，結識許多著名文士，成爲馳名當時的綿審、阮文超等詩人的唱和詩友。

同年，被派作承天試場的初考。因爲考生修改試卷被革職，嚴受拷打，並坐三年的監獄。經洋程効力後，得回昇龍城，官復原職並晉升主事。

一八四七年，補翰林院。不久後又調補國威教授。

一八五四年，推黎維亘爲明主，自稱國師，起兵於美良縣，反抗朝廷。同年，舉事失敗，被擒處死。其孿生兄弟高伯達亦受牽連被補，在解京途中自殺身亡。

伯適是著名詩人，民間稱之爲「適聖」，還傳有一對聯云：

文如超、適無前漢；

詩到從、綏失盛唐。

超指阮文超，適指高伯適，從是從善王綿審，綏是綏理王綿貞。從這裡，可窺見高在詩文領域裡的威望。

可惜，在遭害後，他的作品也受了摧殘，失落了不少。現存的尚未經收集鑒定整理。據我們所知，高伯適的作品有：

高伯適詩集

高周臣詩集

菊唐詩草

敏軒詩集

敏軒詩文集

敏軒說類

高伯適詩集

周臣詩集

敏軒說類現只存唯一的抄本，不明出處，雖被列入高伯適的作品，然書中有些敍述，與其生平不合。現就所得資料，初步考證如下：

敏軒說類包括三個部分：

第一部分搜集傳記十篇。每篇都標有題目。此十篇的內容都涉及黎末阮初（十八世紀末十九世紀初）一些歷史人物，結構嚴謹，寫法一貫。其中鄭尚書遺事云：「時，邑中（富市邑）段公光容在禮部，阮公輝潤在兵部，吾先公陽濯在戶部……」陽濯即高陽濯進士尚書。從這裡可以看到：寫這篇傳記是富市邑的高氏。

又在方庵先生遺事有此一句：「吾師紅桂公爲之（方庵先生）說……」紅桂公指高輝燿。方庵阮先生傳（編號A．三二四一，現藏河內漢喃研究院）有此一注：「受業邑人解元高輝耀拜撰」這符合方庵先生遺事的作者的敍述。

又據阮才書高伯適及其爲人和思想❹，高伯適是高陽濯的後裔，是高輝燿的門生。因此，可以肯定，敏軒說類第一部分，包括十篇傳記是高伯適，號敏軒撰寫的。

第二部分冠以「古蹟」，作爲此部分的總題。在此題目下，搜集名勝古蹟一百七十八則各則無標題。爲了便于閱讀，這次出版，我們給加上標題。

第三部分在「人品」這總題下，一連寫了四十六個大小歷史人物，同第二部分一樣，也沒有分段標題。

第二、第三兩部分，和第一部分，顯然不是出于一人之手。譬如第一部分方庵先生遺事和第三部分阮輝謹都是有關方庵阮輝謹的敍述。可是此兩篇不僅在寫法上不同，就連人名也不一致。同一個方庵阮輝謹，方庵先生遺事寫作阮輝謹，而阮輝漌裡又寫成阮輝漌。這說明此兩篇傳記，不是出于一人之手。

又有些敍述，不符合高伯適的生平，如說「愚按察廣義……」，「愚爲新平知府曰……」。高伯適從未曾擔任過廣義按察和新平知府。

據「人品」(即第三個部分)作者的敍述，則他和何宗權（一七九八—一八三九）、李文馥（一七八五—一八四〇)、阮文理(一七九五—一八六八)……有直接的交往。又據「人品」裡阮輝漌傳和高輝燿的方庵阮先生傳對方庵阮輝謹諱字的寫法「漌」的一致，可以設想：「人品」是高輝燿即高伯適的業師寫的。

總之，據目前有限的資料而言，我們僅能提供上面考校的初步的結果以供讀者參考。

黃文樓

附註

❶ 陳文甲：越南作家略傳，(越南)社會科學出版社出版，河內，一九七一，第一集，第四〇七、四〇八頁。

❷ 漢喃書目作家目錄，油印本，漢喃小組，河內，一九七七年，第十九、二〇頁。

❸ 高伯適詩文，(越南)文學出版社，第三版，河內，一九八四年，第四九頁。

❹ 阮才書：高伯適及其為人和思想，(越南)社會科學出版社出版，河內，一九八〇年。

敏軒說類　補充說明

在「敏軒說類出版說明」中，黃文樓先生指出此書可分為三個部分：第一部分有「傳記」十篇，是高伯適的作品。第二部分「古蹟」和第三部分「人品」為同一人的作品，但非高氏所作。他據「人品」裡阮輝瑾傳和高輝燿的方庵阮先生傳同諱阮輝謹的「謹」作「瑾」，設想「人品是高輝燿即高伯適的業師寫的。」此一設想的證據是相當薄弱的。一九八九年黃文樓先生又在漢喃雜誌總第七期（一九八九年第二期頁六至八）發表了「是誰撰寫了敏軒說類中的古蹟和人品兩部分」一文，指出此兩部分乃張國用的作品，考訂精詳，現撮述如下：

按敏軒說類「人品」述及與作者同時代且有交往者有黎元中及張明講。黎元忠條謂：「愚為新平知府日，黎方協理嘉定城戶曹」。又云「黎嘗布政廣義，後在平順，以事被徵。月餘，愚道過廣義，吏民往往寄問，皆為垂淚云。」人南實錄正編第二紀明命十八年丁酉（一八三七）二月記黎元中任廣義布政因過被革職發軍旅效力，此時改命任良政州知州。敏軒說類張明講條謂：「明命丁酉，愚按察廣義，伯來京貼覲，囚遇留宿……其後遂坐事徇參佐云。」按大南實錄正編記明命十八年丁酉❶正月，廣義按察使鄧金鑑犯罪革職，帝命戶部侍郎張國用署任廣義按察使，七月又補授張國用廣義按察使職。以後未見提及。可知此時任廣義按察使者為張國用，故張國用應是敏軒說類「人品」部分之作者。

張國用撰寫並主編過不少考訂史實的著作，其中有工暇記文（又稱退實記文），河內漢喃研究所藏兩個抄本，一編號爲VHt4，另一爲A 1499。後者是法國遠東學院據前者謄抄的，故實際上只有一個母本。VHt4本計有廿五頁，尺寸爲32×22公分。書已破舊，並經修補。扉頁記：「工暇記文，刑部尚書張國用編纂。」其內容包括制度、封域、征記、雜事、人品、古跡、物類等部分。比較敏軒說類，「人品」部分與工暇記文大致相同，排列次序亦無差別。其「古跡」部分內容亦無甚差別，但敏軒說類是按地域編排，工暇記文除按地域編排外，又再分爲子目，如高山、大河、大潭、北沂大堤等部分。黃文樓以爲：很多跡象告訴我們，敏軒說類中的「古跡」和「人品」各項，可能是工暇記文中相應條文的稿本。因而我們可根據敏軒說類來校定張國用工暇記文的「人品」和「古跡」部分。

張國用，曾名慶，字以行。一七九七年生於河靜省石河縣豐富村。明命十年（一八二九）中進士。曾任戶部侍郎，廣義按察使、新平知府、刑部尚書、國史館總裁等職。卒於一八六四年。

附註

❶ 七月召縣西將軍領安江河仙總督張明講使清，九月張明講進謁 皇帝，十二月賜張明講歸轄所。故張明講離京經廣義 在十二月或以後。依大南實錄正編明命十八年丁酉。

書影

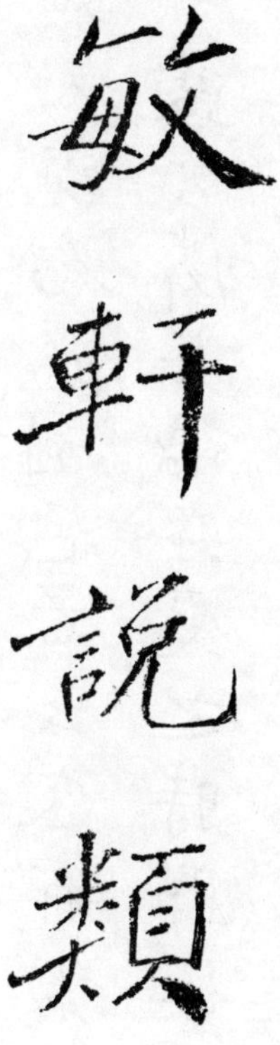
敏軒說類

敬軒說類

鷄子盜案 (1)

蔡朝添君知刑者某公性廉明遇事不苟且蒞
戚之始人視為龍圖包老云客有素所親者餽
鷄子一籃公憐其誠强受之時群僕適他往公
自起收置户下次日厨人薦食公徐問鷄子来
数令点視之九十九枚也公怒声曰豈有薪人
一枚者吾為天下执法汝輩乃敢當面骫法耶
命鞫之群僕五六人皆不承訊至三次痛楚備

敏軒說類

一、史傳

雞子盜案

黎朝添差知刑番某公，性廉明，遇事不苟且。涖職之始，人視爲龍圖包老云。客有素所親者，餽鷄子一籃。公憐其誠，強受之。時，群僕適他往，公自起收置戶下。次日，廚人薦食，公徐問鷄子來數，令點視之，九十九枚也。公怒聲曰：「豈有斬❶人枚者？吾爲天下執法，汝輩乃敢當面骫法耶？」命鞫之。群僕五、六人皆不承訊。至三次，痛楚備至，內一悍而健者，廚中老紀綱者，自誣伏。問其殼曰：「埋之。」轉徙二掘皆不驗。再訊，復謬招曰：「初，掇入手，適大人過，急納之口而不下，驟碎而吞之，以此無留殼。時，僕中某見知，業（僕）賄他不發也。」以問某。某自證有之。公命群吏取狀，詳確結擬。一老吏即奮筆曰：

老紀綱係是幹當家。縱有何人私蠹別情，亦惟主守是問，況乃染指乾沒，罪復何辭。該犯應擬監守自盜。依律計贓，照治可也。見知某，係與該犯同功一體。臨辰（時）❷不合無辭諫阻；事後不合受賄保奸。照這情理，確係同情關通，豈應以知奸不訴律，輕從科擬？況如該犯慌急納口辰（時），見知某一向視同膜外。卽使信口便吞，或致扼喉卒斃，豈不主罪家主，延坐同儕？則該名的係用心不良，罪浮于盜矣。請應從重加等處治以昭充當。

其應得從重結處之處，伏候憲審。

詞上，公反覆閱讀再四，乃喟然曰：「吾然後知鞭撲之濫也。吾然後知深文巧法之害也。」徐于書篋中出鷄子一枚，曰：「吾試爲之，吾自取也。吾備位法曹，不依法，獄無了期；必依法，法曹爲屠肆矣。今而後，吾知免夫二三子。」明日謝病解印綬去。厚賜其僕。

公龍德問，進士也。官蹟如此，惜姓名不傳云。

【校勘記】

❶原作「薪」字，據句義改。靳，取也。

❷原作「辰」字，蓋避阮朝皇帝阮福時諱字。後回改為「時」字。

慈山命報

景興中，驩州陳某翁以鄉貢累中，調知慈山府。性貪險，習吏事，在官汚鄙無善狀。黎時，仕無常廩，官食于事，事有恒例。士夫敦尚名節，苞苴十貫以上無有也。某翁挾其智，賄取無忌憚。士民苦而畏之，呼爲「餓象」。

有一貧士館于其轄內之某村，課童以餬口，歲暮謀歸省。村之巨猾某，虎而翼者也，與隣邑之豪某隔爭，將甘心焉。邀生于途中而殺之，舁置隣邑。事稍洩，不得逐；乃以情謀于翁。翁爲之悉力經紀，索三百緡，揑病死狀，付埋葬。事竟不發。俸滿歸，私囊鉅萬。心安焉，遂息意進取。

翁素不育，是歲忽舉一男，秀穎異常，七歲能文章。翁璧之，曲意奉承，過於師父。兒善病，恒腹痛。所需琦瑜、肉桂、白荳蔻諸藥物不知紀極。以故，日就貧耗。後妻妾則繼沒，婢僕亦無。翁與兒孑然獨處，窘益甚，從親黨假貸。久之，人不能堪。翁父子相與他徙，至無所容，遂丐于路。而兒病轉篤，非父扶之不能行也。存庵裴公入督乂安日，兒纔十五、六歲，翁蓋七十餘矣。歲大饑，相公❶請于朝而賑之。丐籍中，翁父子與焉。相公憐之，別貺十數倍；而兒病益劇，所得僅足藥餌。冬天寒甚，屏臥旅舍中，兒捧心而啼。翁悉力奔走，不效。泣謂兒曰：「爲兒破家十餘年矣，病猶如此。今當奈何？」。兒忽厲聲恚曰：「慈山一案，翁獨不能記耶？料三百餘緡，終當用盡，寃債無了辰（時）也。翁實爲之，何與我事乎？」。遂不食而死。翁始大悔悟，一慟而絕。

此事得之吾業師儒醫老人云。或言翁歸職日，巨猾餓于安常橋，坐前嘔血而死，理亦有之，附載于此。

【校勘記】

❶即存庵裴輝璧，當時爲乂安督鎮。

鄭尚書遺事

同邑（富市邑）鄭尚書伯相，其先乂安東城人，世寒賤，素不識字❶。大司馬阮公輝潤未第日，文名大噪，鄭翁以公囑焉，曰：「我家衣食幸足。有子已十六歲矣，不通契券，他日爲人所歟。請以托君，幸能執賤役外，略丐一、二唾餘，冀免劵末押兩指足矣。」

時，阮公在學館，頗勤學。日試課試藝，公每見必指頤坐觀無言也。忽一日，尊師場出策問，題意頗艱，阮公輾轉未能就。公時數來取題目視之，出則以手畫地作字勢。阮公怒擾，揮走之，則又笑曰：「吾能為兄代之，但苦不能書耳！」。因略誦數句，靈警可駭。阮公異之，使悉焉，居然傑作也。即為手寫就，納尊師呈正。尊師驚曰：「非爾作也。通篇結構尙遜爾雅馴，然床頭捉刀人，眞英雄也。」阮公始以實對。尊師大奇之，曰：「此神童也。氣格大不尋常，將來事業不減于爾。但問他家福力何如耳。」因欲收為弟子。公否之，獨從阮公遊。稍習筆硯，學作字，泛及文章。然有所作無著草，人不得知也。年二十餘始應舉，即領鄉薦，連舉進士第。累遷秋卿（即刑部尙書），賜爵澍郡公，而終身不以文章顯，世罕見其文焉。

時，邑中段公光容在禮部，阮公輝潤在兵部，吾先公陽濯在戶部，與公皆以進士，位至尙書郡公。旁邑金山（社名）范公益謙亦以探花掌吏部尙書、陞郡公。嘗入朝，鄭帥府（鄭主）戲謂曰：「五先生來會，總邑事耶。」科宦顯赫，照耀閭里。人稱同朝四尙書，為吾邑盛事云。

【校勘記】

❶ 原作「學」，依文義改。

方庵先生遺事

世稱辭進士者，吾邑方庵先生阮公輝謹也。祖輝潤舉進士，累官大司馬、肇郡公。父輝胤，以文鳴天下，亦中進士，仕至太原參政，謝病歸。

先生少穎異，讀書一覽便記。六、七歲，文章驚人，邑中稱爲神童。及長，美鬚髯，容貌魁岸，舉止閒雅。性沉重方潔，不偶俗流。二十歲，屛居獨寢。夫人佛蹟，阮尚書（進士）之女也。以事勸令歸嫁，終身斷欲。所居別築一室，四壁惟圖書。自奉儉素如寒士。時，阮族榮盛甲吾邑。父介庵先生，素豪貴，屢以聲樂勸令自娛，悉謝屛之，而砥礪愈苦。遂以博學能文名冠天下，與延河榜眼黎公❶等。

年二十餘，中會元。及殿試，文在第一等；以失格，置之榜末。不久，謝病歸。抗疏自陳家世盛滿之故，力辭進士。景興間累徵，皆托盲疾不就。與父介庵俱家居授徒，里中傳爲美談。四方之士來受業以千計。程文發題，皆取歷代衰亂時事。

及僞西❷初，以安興就聘，托疾不赴。居常不苟言笑，遇事多前知。人謂其有白雲先生❸（程公）之學云。臨沒時，取生平所爲文，幷家藏書籍悉焚之。囑弟子歸葬文溪山頂。吾師紅桂公爲之說，記其事云。

吾觀先生出處進退，雖古之名儒，清風高節，殆不過是，蓋不但以文章稱也。世稱先生不中狀元，故不屑取一第。淺乎！窺先生者哉，惟其不事妻妾，爲身後計，此意殆不可解，或疑其仙風道骨云。

附：阮瀚父子

吾邑解元阮輝瀾，黎末五兇之一也。父輝滿，中進士，與堂兄輝潤、堂弟輝衍相繼登科。家門榮盛，爲吾州冠。

灦幼有才敏而性極狡獪。時，邑中阮、鄭、高、段號四大世家，率以名檢相視，而灦獨以貴介自居，不事學問。見柳溪超郡公之女，謀室焉。郡公曰：「今科必得省元，吾選汝矣！」時，從姪方庵公以文名天下。即請於公爲代草，得首鄉解，而公自居第三。遂壻柳溪氏。復亟意進取。以門地，累遷太原督同。居常陰結宦官妃妾以固其寵。甚至出入宮府，醜聲與仙田人阮儷匹，而鄭帥府不之疎也。

自鄭森誣構黎皇太子維禕之後，森纂心日熾。灦與吳時任等，內外交結，媒孽黎短，嗾成逆謀，將有御厥之變。海安黃甲段公維靖上疏，直數其罪，乞斬灦等。天下薄之。及三府兵亂，典郡被殺。鄭之黨翼，或死或遁。時任詐稱北走清界。灦亦變服，去髮爲僧，謀遠竄。驕兵偵得，要于路，殺之而剖其胸。物論稱快。

子輝亮亦有才名。少年取鄉薦，而輕薄無行，頗有父風。專習國語辭曲，委婉艷麗，索名流輩。言語衣服皆學婦人，以媚其室。又嘗欺陷其友，厭棄家婦。事事穢惡，不可殫舉。事僞西，仕至戶部左侍郎。

國初大定，再入京謀仕。世祖高皇帝素聞名，薄其爲人，不果用。竟以病死于旅館，無人問視。所棄婦者，改適僞西某都督，時孀居寓邸下，親見之，猶念舊好，不忍棄之，親爲之埋送。人謂其報復有天道云。

長子亨，得癩疾，早夭。次子鼎，復無嗣。以貧故，旅死他邑。余長成，親覩其事焉。

【校勘記】

❶ 卽黎貴惇，字允厚號桂堂，生于一七二六年，卒于一七八四年試中榜眼，以博學能文馳名當時。

❷ 指西山朝。

❸ 卽阮秉謙，字亨甫，號白雲先生，別號雪江夫子，生于一四九一年，卒于一五八五年。試中狀元，官莫朝，至吏部左侍郎兼東閣大學士，以理學著名于世。

陳進士奉使

鄭十二府靖都王（名森）最稱暴逆。自黎太子維禕死後，篡心益烈。自以先世累舉不遂，皆無清帝命，無以鎭壓國人，日謀于其左右。適歲使，因附一表，內云：「黎氏子孫，無有存者。」陪從楊進士之詞也。時，丹輪進士陳公爲正使，面命密囑焉。

公平日最謹飭。至洞庭，乃托疾不行。召二副使，謂曰：「我病甚，今只覓一死所耳。但袖中一事，獨關我身上，不可以付公等。歸啓鄭帥府。我病已亟，焚之矣。」遂仰藥而死。後鄭主知不合人願，竟不再發。

陪臣某便捷多智巧，美鬚鬢善容止。鄭帥府行，必騎馬前導，與仙田阮吏部（名儼）最號親密。後裴存庵、范立齋二先生，每聞人道其名，必閉口不語，若弗聞也。其子僅有識字，而窮苦至爲盜也。余親見其事云。

忠義柏三郎

（三郎名山，俗人呼𢒂柏。）

神溪柏村某三郎，故黎憲副某公之子也。性剛果，有氣略，才兼文武。黎亡，屏居授徒。見西山之亂，義不忍屈，起兵村邑間。遇敵敢鬪，小大數百戰，聲振四郡。後以兵盡力屈，轉戰而死。臨難慷慨，有詩曰：

斬馬長淮渡，
捨舟茶里門；
莫雄從此去，
天地昏復昏。

時，僞大司馬吳文楚擒獲黎故臣，各放歸以收人心。及得三郎，亟殺之，慮再發不可制也。北江大將陳光珠最善戰，敵人畏之。及聞三郎死，嘆曰：「吾終不得此人，天下事去矣。」其見敬服如此。

近得後黎節義錄一卷，內十四人，無三郎名。嗟乎！古今忠義之士，不幸埋沒如三郎者多矣，豈不慨哉！惜其姓不傳，姑誌于此，以待知者。

吳霖罵賊

前黎鄉貢吳公名霖，和樂（嘉林縣）人，性敦樸，有古風。吾家君少受業焉。公故不仕，家居授徒。鄉黨服其信義。

明命丙戌間，南定僞鑠煽逆，所在盜賊蜂起。匪渠逆汸以兵數千，略吾郡，挾郡匪羽翼橫行嘉林、文江間，所至徵兵糧。

和樂一鉅邑也，以公之故，悉力防備，匪不得逞。乃出其不意，白日襲破和樂，以溫語致公，誘令必從。公拒之曰：「諸君不幸失腳，遂爾詿誤，成敗尚未可知。先事擾民，徒速敗耳。我以七十之年，一死何惜？即可釋我，我必不從；如必殺我，民胥不從矣。速爲計，無擾我老翁也。」

匪目群誘之。堅不肯。賊不得已殺之。公至死罵不絕口。余少親見其事。惜地方不以聞，事竟埋沒云。

湛田武族

湛田武族，故盜賊之淵藪也。其先姓朱。祖文岑，乘僞莫之亂，竊據諒江。及莫奔高平，畏鄭松聲勢，遂內附。

諒江上接諒山，下達海陽、廣安，外隔浚川，內倚林麓，險要富實爲北寧諸郡最。黎中興後，莫之餘孽未盡撲滅，稍事招撫。如宣光武文淵等，雖名藩附外實羈縻。久而因循，遂成李唐藩鎮之漸。武氏漸見積弱，侈然自恣，私其甲兵賦稅，襲稱郡爵，不復稟命。鄭亦因而授之。兄弟子侄，裂地分據，布滿數縣。民俗獷戾，不復知有朝廷矣。

其後諸宗日強，招納亡命，各立渠帥，爭相殺戮，如同仇讐。慈順之民，逃逸者多歸之。常出剽掠旁縣，浸不可制。或爲勢逼，則復檻致一二逋犯，以塞兵端。反覆詐巧，不知紀極。天下世家名族，排擯不相與者，歲數百年。庚辰會試策問「諒江一帶，總是盜淵」正謂此也。黎亡，陳光珠等倡義，稍稍收用，漸以外通。壬戌以後，仍存故習。

我聖祖仁皇帝深燭諸鎮積弊，痛抑土司之權；而省臣勦捕無狀，不免假虎以翼。是故金沙、古法諸武，其勢復熾，日尋於兵。丹會山徑間，白骨蔽野矣。及阮德潤（清化人，才兼文武）出鎮，四岐土匪逆香（俗呼臺二江）煽動。順安同知府裴順譽失機被殺。官兵四下緝拿，急投丹山。德潤偵知其情，移檄古法。武氏智窮力屈，乃始縛送，以贖其子之罪（後香爲德潤所擒）。迹其服叛去來亦勢然耳。

潘文奉兄弟

故宣光按鎭潘文奉，白鶴、日昭人也。少落魄，習武事。僞西之亂，公起兵山陽，雄關間，與僞人百餘戰，出沒如神，名震興、宣，林中稱爲大王。壬戌大定後，乃解兵歸。自以久負大名，慮蒙不白，竟隨召仕矣，出入奇衞兵事。及出鎭，威信著外地。

時，諸土酋承黎氏故習，往往跳梁自恣。農文雲、劉仲璋、宋文崁等偃蹇不法。前鎭守陳玉當得罪後，其勢益橫。公在鎭數年，邊民以寧。後以老乞歸，將終焉。及青山賊丁公進擾動興化。時，以宣、興舊多潘家部曲，詔起討賊。賊以公衰老，不復憚。竟爲飛礮所中云。

余在部時，聞公名，往謁之。偉狀雄槪，如百戰之馬。雖老，猶欲昂首萬里，令人旁觀爲之氣豪也。晚節竟不免死其藝。識者惜之。

前勝公潘某，文奉之兄也。性率直，勇敢善鬬。奉每與僞西出戰，必爲之先鋒，多致克捷。因自稱前勝公云。僞西之初，北城豪傑四起。西嶺侯丁公貞，永同世將也，擁兵萬餘，與雲谷碩郡公（黃馮基）之子澤優侯黃馮澤相與犄角，以抗僞兵。僞大司馬吳文楚頓兵寧山下，以書招之，且云：「聞西嶺名素豪，今且虛席奉屈。」西嶺懼不敢赴。前勝時在左右，毅然曰：「敵眇我也。請公單騎而往，小弟以死奉公。」即環甲從之，拔劍侍立西嶺旁，弩目視文楚，兩眥血溜不復瞬。時，帳中裹甲以挨。文楚手慓不敢動，竟徒步送出界首，語其徒曰：「彼壯士者，五步之內無彊將軍矣。」其驍勇果決類如此。

文奉在綠林時，最善出沒。雖標下親密，夜間莫測所在，而前勝無所爲備，自若也。又多爲人助戰，遇險不避，而終不言其勇。文奉既貴顯，獨自徜徉園林，不尚榮利。及文奉出鎮宣光時，子姪輩多驕侈肆橫，公一繩以軍法，門庭肅然。惟聞疆事，必慷慨請往，皓首不變，而人莫之與也，更老死牖下云。

近一友人爲余歷說其事，蘄有所誌焉。余謂：「如翁者，豈屑屑然從人以功名富貴爲事耶？直癖于鬪耳。史稱霍去病不死，爲有天幸，諒哉！」。友人曰：「傭鬪不論直，其心無所爲而爲之者也，古之愚武夫也，抑今世之異人也？」

二、古蹟

天姥山

天姥山在承天府香茶縣。相傳昔人遇天姥於此，故名。今建寺。

林邑故城

林邑故城有遺址在隆壽岡之東，俗號來王城。國朝于此立占城國主廟。

思賢海口

思賢海口，古號思容，在承天府富榮縣。內爲河中海兒，周百餘里。海口迂迴最險，曾不容刀。右岸有垂雲山，聖緣塔在焉。又有靈蔡山在其北。左岸爲福象山。黎聖宗❶南巡至此，喟然嘆曰：「壯哉山河，後世必有英雄割據！」即其地也。

【校勘記】

❶原作「尊」，避阮朝皇帝諱。

三江海兒

三江海兒在承天府廣田縣，廣數十里，中多暗沙，風濤頗險，舟行戒焉。相傳舊海兒中，濤神有雌雄，屢作風浪，極惡。後，官射殺其一，餘一不復作。自此人始利涉焉。然海兒今亦就淺矣。

瓜瓜江

瓜瓜江在廣治登昌縣。我太祖嘉裕皇帝誅立暴處。

廣平關

廣平關舊號柴壘。我熙宗孝文皇帝年間，弘國公陶惟慈所築也。西起兜鍪山，東際日麗海門，歷朝修理，最爲天險。

蓮池

蓮池在廣平麗水縣界，旁有蓮館，因名爲池。相傳國初北巡，議自河渠浚港，引蓮池水以通于日麗江。有老人某甲進言：「此地皆沙嘖，恐後治必無成功。」命詰之。甲曰：「倘不如言，請伏法。」既開治，旬日港成。甲遂受死。及師還，則沙已噴起而港塞不通。朝廷追念其言，命祠之❶。

【校勘記】

❶ 原本「命祠之」下有「日麗有大海口」六字，疑系衍文。

橫山

橫山在廣平、河靜之界，即古林邑王范文求、晉交州刺史朱蕃以爲界處。山上有林邑故城。

裴存庵詩曰：

東瞰重溟盡，
南迴一障橫。
古城林邑築，
陸路子安平。
誰畫桐溪限，
長看燕海清。
山河歸有德，
何用苦經營。

子安者，黎大行世吳子安，官輔國。興統四年奉命起徒三萬人開陸路，自南界至地哩桐溪者。盤慶橫山嶺有二路：一由近海：永舘、黃牛堆；一由山凹：木棉溪。鄭氏嘗于木棉溪增築壘，是也。桐溪路險仄，行跡漸塞。今行人皆由永舘路。國朝因古城舊跡，修設橫山關。

僊井

僊井在奇英縣盤慶山。山上有潭。昔嘗有人望見僊女自潭中出游石上，故名。黎聖宗詩：「水僊潭上風煙古」指此。

火號山

火號山在河清府城南數十里。南北交兵初，鄭人于此設烽火爲警。故名。

瓊園山

瓊園山在南界海門之左，亦名南畝，古仙人褚童子棲眞處，庵趾猶存（愚嘗登其山，至世人所傳仙庵處。山腹凹平，背靠高頂。前、左、右三面，上下山岫環繞。草樹中起大阜。上有橫脊三，相隔丈外，隱約頹基遺趾，不可辨也）。山之東北爲龍吟山。黎大司馬武穆公魁嘗鎭乂安，後征占城，凱還至此卒，州人追念，立廟祀之，號昭徵祠，最著靈響。光順中，詞臣阮如堵奉勅撰廟碑，有曰：「天佑皇家，賚之良弼。贊武功於乾坤草昧之初；弘治化於方國安寧之日（眞文武全才也）。勳業存乎社稷，威名振乎殊俗，恩信結乎人心，蓋極舉也。」廟門前華表勅對云：

三朝鍾鼎平章事，

萬古關河上等神。

又曰：

英氣凜如生，動乎風雷，皓乎❶日月；

餘靈長不死，峙為山岳，流為江河。

黎聖宗南巡過海門，詩曰：

遺廟漫傳今武穆，

名山猶說古瓊園。

指此。

【校勘記】

❶原作「于」。據下文改。

天琴山

天琴山在讓海門（在奇羅海口）之右。雄王嘗遊此。夜聞山上天籟，皆琴瑟之聲，故名。

兵部尚書祠

兵部尚書海郡公范廷重（進士）墓在奇英縣乾春山，舊有祠。黎朝行參從尚書裴存庵輝璧詩云：

文武全才逈出倫，

曾於史館見名臣。

未言死後長如在，

卽是生前已自神。
一副胸襟橫宇宙，
十年琴劍定風塵。
何哉亦戴儒冠者，
僅僅尋行數墨人。

兵火後，祠壞，士人掃地，歲節修祀。

鴻嶺山

鴻嶺山在天祿、宜春二縣界，黎之世，仙人范圓嘗棲迹處。相傳山有九十九峯，其最高者，東爲香積，西爲仙象。香積峯下有莊王庵，不知所始。

度遼川

度遼川在天祿縣，黎朝都御史裴擒虎所鑿也。擒虎，天祿人。紹平中遊學昇龍。會❶有一獄：其夫遠出始回，婦爲供饌，食畢而死。其家以爲婦意，送官。婦亦誣服。獄上，御史臺疑之而不能辨。裴適在客店，有臺吏言其事。裴問所食何異味。吏曰：「鱔䰲」。裴方半醒，猛言曰：「恨不爲臺官耳。若臺官不能辨此，豈不爲人笑耶？」吏具告臺官，延裴至。初遜謝。固問之，乃曰：「凡鱔頭頸有赤紋昂頭者，食之殺人。」令取鱔數十，中有一赤紋者，放水盆中，果昂頭，烹以飼犬，犬立斃。獄遂白。臺官以事聞。召對，自布衣拜御史。後以風節稱。

鴻嶺山舊有溪，北流。裴陂鑿而南之，灌于北川，漑田數百頃。萬民賴之，立祠在川側白鼻山下。

【校勘記】

❶「會」字後原有「一」字，疑衍。

禹門山

禹門山在香山縣界之西，一名開帳山。極南峻，山腰有瀑布，數百里望之如匹練。每四月八日，常有迅雷風雨。相傳鯉魚❶以是日溯瀑而躍，能上者化爲龍。否則，傷額損鱗而退。每先期旬日，漁人相戒此溪下流不攻魚也。裴存庵詩曰：

地輿千里濶，
天帳一屏開。
驩、演藩翰壯，
牢、丸寄象來。
遠通舟海濶，
近障火風頹。
最有魚龍化，
祥雲遍九垓。

按：唐書：驩州、林邑西界眞臘皆以霧溫山爲阻。李史：眞臘冠乂安亦由霧溫山山道。由❷是，自開帳次南至慶和、平順總名霧溫山也。

【校勘記】

❶「魚」字誤作「里」字。
❷「由」字，原脫，據文意補。

浮石浦

浮石浦在羅山、永代社，于浮江渡口。浮出渡磐石，四望清曠可玩，人士遊覽之處。陳代范遇有詩曰：

昔年曾作浮石遊，
童顏垂髫陪親娛；
今年重作浮石遊，
江山如故人白頭。
勝遊邂逅那可必，
塵土重來又何日；
悠悠身世倚欄杆，
天外客帆征鳥疾。

鄧悉故里

鄧悉（陳代名臣）故里在天祿社。

藍城山

藍城山在興元縣，一名銅柱山。山上有城，黎太祖初圍明將于此。城既陷，城主死之。黎太祖嘉其志節，封宣義王，故亦名宣義山。城中有坎，相傳馬援所立銅柱之一。明人郡縣我國，怒其不服，以援有「銅柱折、交趾滅」之語，故掘去之。

按：銅柱有二，一云馬援所植。考范蔚後漢書、光武紀、馬援傳並不載。章懷註及廣州記云：「援至嶠南，立兩銅柱爲南極之界」，不詳言所在。南史林邑、後漢：「日南郡象林縣，北接九德郡，南界水、步道二百餘里，有西屠夷，亦稱王。馬援所植銅柱，表漢界處。」水經註俞益期牋曰：「馬文淵立兩銅柱於林邑岸北，有遺兵十餘家不返，居壽冷岸南，對銅柱山，名曰『馬流（留）人。』山川流易，銅柱今沒海中，正賴遺民識其故處。」

隋書：劉方代言：「林邑度闍黎江，過馬援銅柱南八日，至國都。」杜氏通典：「林邑南，水步三千餘里，有西屠夷，馬援所植銅柱表界處也。」銅柱山周十里，形如倚蓋，西跨重岩，東臨大海。新唐書：「林邑南奔浪沱州，其南大浦有五銅柱，山形如倚蓋，西重岩，東涯海，馬援所植也。又有西屠夷，蓋援還，留不去者，纔十戶，陳末蘖衍至三百，皆姓馬。俗以其寓故，號『馬留人，』與林邑分唐南境。」晉書・地理志：「日南郡有銅柱，後立此爲界」。林邑記：「援植兩奉銅柱于象郡南界，與西屠國分漢南疆」。宋白曰：「援自日南西行四百餘里，至林邑；又南二百餘里，至西屠夷國。援至其國，立銅柱於象州，與西屠夷分境」。嶺表錄異：「伏波銅柱在愛州境，刺史韋公幹嘗欲摧取，都督韓約移書辱之，乃止」。異物志：「馬文淵築石爲塘，達于象浦，建金標爲南極之界」。明一統志：「馬援銅柱在欽州」。外紀註在欽州古樓洞，是也。

一云馬驄所植。唐書：「元和中，驄爲都護，建二銅柱於漢故處，用著唐功德；且明已爲伏波之裔，是也。」其在愛州者，劉恂說他無所考。在欽州者，胡氏以後沒北地。藝臺類語：「欽州距本國海東（今海寧府）之西三百里。分茅嶺中有銅柱，大一尺許。」欽州乃漢交趾、合浦之界。援之所立不當在此。至唐元和，郡縣南止驩州，則驄之所建，意非援舊。故黎代桂堂先生以爲馬驄立。

惟隋書載馬援銅柱在林邑北。林邑記、南史、通典、唐書及宋白則又云在林邑南而酈道元所引俞益期牋在林邑岸，北對壽冷者，與隋史近。蓋南史林邑北接九德。九德本漢九眞地。孫氏析置。林邑嘗冠九德道。四會浦，當即今之會海口。壽冷則晉所置。其時林邑已強。俞益期，晉以後人，則指壽冷當在日南郡北偏，而非林邑南之極界也。惟林邑記出於劉宋人與俞益期不甚先後而所說互異。又參之唐貞元宰相賈躭記：「唐州入海路，東南行二百里，至屯門山，乃帆風西行二日，至九州石，又南行二日至象石，又西南行三日，至占不勞山，在環王國之東二百里海中，又南行二日至陵山，又一日行至門毒國，又一日行至古笪國，又半日行至奔浪沱州。今廣南之大占嶼，俗號劬勞占者，正在古環王國之東。商舶自粵東來，皆以此山爲準。南行四、五日，當富安界。富安之南境有沱濃江南爲大浦，號海湖。浦之西南石碑山，周可十里，山形如倚蓋，西接大嶺，重巒疊翠，東臨海。山頂一石正方，數百里外望之，高削如築。俗語水中島嶼曰「劬勞」。「濃」、「浪」、「劬」，〔不〕音相近。通典、唐書所云「在奔浪沱州南」，蓋指此山。

然又安興元之銅柱山，相傳此名已久。白此南至古林邑，日程與隋書合。隋書成於魏徵等，多隋舊臣，劉方代傳當有。耳目所接視，與李延壽、杜佑等，或在隔世。及林邑復分之後，聞見自當有大別。且援破二徵於禁溪，今興元有禁谿地，而南塘古號石塘，與興元接壤，意其縣名，亦採異物之說。

又援進追都陽等，往來九眞，最用兵力。唐之愛州雖非盡得漢九眞地，而亦名九眞郡，故劉恂遂謂銅柱在九眞境。若唐書邊界郡縣多設虛名，所載銅柱兼採林邑記及李延壽、酈道元、杜佑之說而綴以「與林邑分唐南境」之語，不覺自爲牴牾。至杜宗等言銅柱，有云兩，有云三，有云五，各不同。或援所立非一處，或亦據海客所望富安山上石頂言之耳。至明志言在欽州，清李綬亦言在鎭南關，即清一統志所云在憑祥者。李史：「太祖順天三年蠻人過銅柱，至金花步，及謂龍州貿易。擒獲其人及馬萬餘匹」意亦指此。但他蓋從我國前史外紀之說而將就之，猶北使往弔祭鄭氏假墓之類耳。清志又志在左，右江各一。考五代世，馬希范據湖南與南漢爭土，亦謂伏波之後，復立銅柱，或是希范立亦未可知。

夫銅柱果援所鑄，亦出人爲，原非天造地設，豈能使千百世之後，以一塊頑銅限南截北耶？即今本國提封兼古交趾、越裳、扶南、眞臘之地，有德即有人、有土，誰其限之？惟伏波自是功名之士，當初立此，蓋亦杜預沉碑襄陽之意云耳。若夫「銅柱折，交趾滅」之語，則交趾在漢世設刺史、守令，與荆、豫不殊，援之所誓，果何謂歟？此特好事者爲之，固不待辨。但傳載既久，略櫽括其同異以竢夫博古者之考訂云。

（愚淺以當富安之說爲是。）

暮夜山

暮夜山在東城縣丕福、香藹、香舍三社，昔安陽王乘金龜入海處。遺趾尙存，有廟在焉，三社奉祀最靈異。林多孔雀，人莫敢取，而孔雀亦不害禾。廟門楣門對帖句云：

輿圖廣漢天南北，
山水蒼茫古帝王。

三座廟

三座廟在南唐縣白糖社。李太祖第十八子威明王日光鎮乂安有善政，沒後，人建祠焉。今通省皆祀之。

枚黑帝祠

枚黑帝祠在南塘縣雄嶺山。山下玉磴村祠，乃其故里。故城在沙南市。其旁盛樂社即古萬安衞之地。

乾海門

乾海門在瓊瑠縣。元人襲宋于崖山，楊太后溺海，泊于此。人爲之封其墓。後陳英宗征占城，舟至此，夢神女曰：「妾趙宋妃子，困於波濤，至此。上帝憐其節，命爲海神久矣。今王師弔伐占城寇，但願助將天威」。此行海不揚波，王師利涉。及凱還，立廟致祭，號大乾四位廟，最靈響。神座側惟童女侍洒掃，俗人不敢徑至。今自定安以南，訖于南圻皆祀之。

磨崖碑

磨崖碑在襄陽沉香社山，陳明宗征哀牢，命阮忠彥勒石紀功處。懸崖臨江，去水數丈，字大如掌，畫深寸許。其文曰：

皇越陳朝第六帝章堯文哲太上皇帝受天眷命，奄有中夏。溥❶海內外，罔不臣服。蕞爾哀牢，猶梗王化。歲在乙亥季秋，帝親帥六師，巡于西鄙。占城國世子，真臘國及蠻酋道匡、葵擒、車勒、新附盃盆、蠻酋道聲、車酋諸部，各奉方物，爭先迎見。獨逆俸執迷畏罪，未印來朝。季冬帝駐蹕于密州、巨屯之原，及命諸將及夷蠻之兵入于其國。逆俸望風奔潰。遂降詔班師。

時開祐七年乙亥冬潤十二月□日。勒石

【校勘記】

❶原作「薄」，據文義改。

六年城

六年城在清漳千仞山。黎太祖初起義，駐此六年，畜聚士馬，故名。

阮熾故里

黎功臣嵩國公阮熾故里在眞祿縣，上舍社。今社民奉祀。

立石山

立石山在眞祿鄧田社。平沙中屼起一嶺。山不甚高，腳有小洞，中有石刻「陳朝」二字，不知所始。前有潭，廣數畝。旁有一石，如人箕坐，號「仙人石」。

金顏山

金顏山在清漳縣偈場社。高起峻削，狀如洒壺，人未有至其巔者。洞口往往有流星入焉，亦名「收精山」。相傳人死，精神必歸于此。笠峯居士阮浹詩曰：

孤高雷縣冊，
平地起金顏。
神筆冲霄漢，
仙壺落世間。
雙條山界緊，
數里石根盤。
收盡精靈氣，
安南小泰山。

演州古城

演州古城在東城縣東壘社，亦名石賴城。土石堆叠，遺址猶存。世傳明將所築。（古又安一處分爲驩、演二州。）

黎太祖故鄉

黎太祖故鄉在瑞原縣，藍山鄉。黎家于此立都，號藍京。黎氏諸帝陵寢在焉。廟在東山橋代社。

安鑊山

安鑊山在東山銳村，一名契山，晉豫章太守范甯遣人採石磬處。

姜公輔故里

姜公輔故里在安定縣，錦球村。祠址蕭疎，碑字漫滅不可辨。

銅鼓山

銅鼓山在安定縣丹泥上社，亦號可牢山。相傳昔雄王討胡孫，駐兵山下，夜夢神人告曰：「願得銅鼓，拜擸助王制勝。」及戰，隱隱聞空中金戟之聲。遂大捷。旣凱還，封其山爲銅鼓大王。故名（歷朝加封上等）。

冰山

冰（音碑，又碑切）山在弘化縣，李朝上將軍黎奉曉（名將）擲刀處。今有廟在其山麓。

徐式洞

徐式洞在峩山縣治內社，又名碧桃洞，徐式遇絳香處。山自三疊而來，千峯石立，青潤如滴，皆自平地卓起，不相牽緣。洞口臨江，有兩重，中皆紋石，左右隱起仙人琴瑟之狀。中有石磐，裏又有小洞口，人不能入也。榜眼黎貴惇詩曰：

海上群仙事渺茫，
碧桃洞口太荒涼。
乾坤一褐窮徐式，
雲水雙蛾老絳香。
石鼓有聲敲夜月，
沙鹽無味湟秋霄。
世人若作天臺夢，
誰識天臺亦戲塲。

徐式陳世爲仙遊知縣，棄官求道，入山採藥，遇仙女絳香於此。留歲餘，思家，遂辭歸。及至鄉里，已數世矣。

壺公洞

壺公洞在永祿水域社，有費長房遺跡。黎聖宗登覽，詩云：

神錐鬼鑿萬重山，
虛室高窻宇宙寬。
世上功名都是夢，
壺中日月不勝閒。
花陽龍去玄珠墜，

碧落泉流白玉寒。
我欲乘風凌絕頂，
望窮滄海有無間。

金山洞

金山洞在永祿金山社，亦名芃山。其地有潭，周數里。潭中湧出一石山，廣一畝餘，孤峙如削。下有岩洞，水穿其中，深不可測，舟行可通前後。山上別有一洞，廣如數間屋。洞口有桃數株，四面俯瞰蛟窟，最爲奇絕。古廣輿記云：芃山下有岩洞，水穿洞中，可行舟。

陳渴眞故里

陳渴眞故里在永祿河梁社。渴眞，陳朝三代爲上將軍，謀誅胡季犛，不克，遇害。人立祠祀之。今在西街城南門外。

西街城

西街城在永祿西街，春街、東門等社莊，古安孫洞、胡季犛所築。甃文石爲街衢。城身皆砌青石。最厚大石片長六、七尺，約數百人方能撐曳。今遺址尚在。以所砌石至大，人亦不能移取也。

花閭洞

花閭洞在安慶縣，丁及前黎故都處。有祠廟在焉。

護城山

寧平省城東北護城山，古號水山。陳朝張漢超改名浴翠山，晚居于此，有詩刻石云：

山色正依依，
遊人胡不歸。
中流光塔影，
山界啓岩扉。
浮世如今別，
閒身悟昨非。
五湖天地濶，
好訪昔漁磯。

陳范師孟扈從登覽詩云：

扈蹕鵐頭浦，
尋舟水石岩。
鯨波天上下，
鰲背水東南。

蓬島連僧塔，
瀛州上客帆。
行年六十四，
六度訪伽藍。

山上古有伽藍。黎朝移之，建行宮焉。黎聖宗有詩曰：

三折流邊浴翠山，
孤高如削玉峯寒。
尋來廢寺凌風上，
覽盡荒碑帶暝還。
穿窑頓疑天地小，
登高仍覺水雲寬。
山光不改渾如昨，
回首英雄一夢間。

山背懸崖，下臨瀾江（即喝江下流），有洞，別水面。洞口上石刻「瞰蛟亭」。山之西別有一峯，曰鶴山。背江面地，腳緊腰濶，頂旁有洞。洞口石刻「靈光洞」。又其西之城外數里，曰笛弄山，湧起江邊，四面平曠。山上有洞，洞中有寺。景極幽迥。

逋姑捍

逋姑捍在嘉遠縣青蕨江，陳末，鄧悉破明將沐晟處。

大羅城

大羅城在河內，包壽昌、永順二縣之界。唐（大曆年中）人張伯儀所築。（後趙昌、張周增築）。都護李克素初移府治于此。節度使高駢（唐咸通中）大築之。李太祖自花閭徙都焉，有黃龍見于御舟，因名升龍城。歷陳、黎皆都之。珥河環其三面。黎魏揖川詩曰：

萬頃依稀珥水微，
潮平風止布帆歸。
不殊玉壘來天塹，
却作金城壯帝畿。
南國文章烝斗壁，
西園詩酒噴珠璣。
流風餘韻昇平際，
猶見黃龍白晝飛。

蓋一大都會也。今爲河內省治。

西湖

西湖在永順縣省城之西，古名浪泊，漢馬援望飛鳶站站墮水處。唐高駢以此地爲鳳凰飲水格。李名霪潭。（黎改名爲西湖。）相傳昔本平地，有石山在焉。山有九尾狐爲妖，居人患之。龍肚神泝于帝。帝大怒，命龍王誅之。山陷爲湖。唐高駢欲鑿爛柯山脊，忽有金牛自山中走出，南入此湖。湖水忽變慘色，腥氣逼人數夕。其後，湖之東，嘗夜見一牛食草。人近之，輒入湖。旬內，一夕雷雨，及曉，有牛跡出自湖，至于珥河而沒。後不復見。今湖畔居民湊會，寺觀宏麗，詢一遊覽勝景。

布蓋大王祠

布蓋大王祠在永順盛光坊。唐貞元中，州人馮興以都護高正平政暴，起兵攻陷正平，據府治十一年。沒後，人立祠祀之。

延祐寺

延祐寺在永順縣省城西南（屬清寶村），李太宗❶龍符元年建。湖中竪一石柱，上安紺殿（如蓮花出水之狀）。環柱泥中，鐵針極多。意當初修建，投針不欲人移動也。

【校勘記】

❶ 原作「尊」，避阮朝皇帝諱名。

眞武觀

眞武觀在永順縣瑞璋坊，河內省城西北。黎正和年，鑄銅像重六千六百斤（高八尺二寸，周圍八尺七寸），左手按劍，柱龜背上，蛇遶之，製極工巧。神最靈應（鄧公瓆奉撰碑文勒石）。

還劍湖

還劍湖在河內省城東南。黎太祖嘗遊此湖，有大龜浮出，以寶劍指之，龜含劍而沒。一云：黎太祖初得神劍、神璽，乃起兵，因傳以爲世寶。及黎淳皇帝登遐之夕，神劍、寶璽皆失。後人見其劍首浮於湖中，頃之復沒，故名。後以爲簡閱水軍之所，亦名水軍湖。

玉壺寺

玉壺寺在壽昌縣婆吳村。黎聖宗嘗登覽，與神女賦國音詩，因改名仙福寺。

李翁仲故里

李翁仲故里在慈廉瑞香社。翁仲仕秦爲司隸校尉，鎭臨洮，匈奴不敢犯。唐趙昌爲鎭，夢與翁仲講左氏春秋，乃即其故里立祠，最靈異。祠前正當珥河之衝，洪流湍激，終不潰決。

白馬祠

白馬祠在壽昌河口坊。唐高駢築大羅城，一日遊東門外，忽見雲霧晦冥中，有彩衣異人駕赤虬，執金簡，隨雲逍遙。駢驚異，欲壓之。夜夢神人曰：「我龍肚之精，聞公築城，欲來相見，何以壓爲？」。駢以爲怪，乃埋金銅符以厭之。即夜，雷雨大作，金銅符皆碎爲塵土矣。駢懼，因即其地立祠祀之，封爲龍肚神。李太祖徙都昇龍，因以都城隨築隨圮，令禱于神。忽見白馬從祠中出，遶城一周，隨地落痕，入祠而沒。依其迹築之，城遂不圮。祀爲「昇龍鎭君城隍之神。」

歷朝褒封爲「廣利白馬最靈上等神。」

君臣州

君臣州在慈廉上、下葛二社，後李南帝與趙王光復講約分界處。

鳥鳶城

鳥鳶城在慈廉下姥社。後李南帝與趙王光復並都于此。唐武德四年，因舊名，置烏延縣。

三山

三山在城北門之側，今土山是也。山有三頂，故名。黎聖宗常登此看閱武。又名看山。

香積山

香積山在懷安縣。山有洞，可容千人。洞中石皆彩色，左右隱起，如龍、蛇、書桌、衣架之狀。有片石方丈許，平坦如砥，其旁突起小石，人號燈擎。石乳一條，水滴下，自成瓮樽，掬之不竭，深數寸，俗號仙井。中有古寺，景極幽。洞口石刻「天南第一洞」五大字。旁鐫洪德年號。其前山徑窈窕，奇石森矗。外有溪（號解寃溪），長白橋跨焉。

東望一山，曰梅林山，皆紅梅，無雜樹。目前勝覽，愈深愈奇，爲此方諸山之冠。又西爲白雪山，衆峯叢翠，其中卓然一簇白石，孤削如筞，故名。樂史地志云：「一峯聳峭。」山下兩石夾立如門扇，中有路。前有石磐，寬廣可一畝。山溪流出，水甚清冽。相傳此爲黎朝皇帝御沐之所。有行宮在山側，（名寶臺），故址猶存。山畔刻「白雪山」三大字。上有洞。洞口刻「玉龍洞」三大字。洞中有石乳，皚白如雪，號長雪樹，叩之成聲。石佛石座，銅鼓銅鐘，建置猶昨。古木陰森，峯巒上下，溪澗樵影，山裡漁聲，自有烟霞之趣。太平寰宇記：「交州雪山在縣西南界，有鼇崖，路險，人罕得到。又外爲馨蓬山，長江縈迂，兩岸峭壁排立，石乳懸珠，景色如畫。又外爲仙山，石屛豎傘景致蒼幽。」

龍隊山

龍隊山在維先縣。黎大行皇帝耕籍于此，得黃金一甕，故名金田山。有寺及延齡寶塔，李仁宗築建，碑記尚存。黎聖宗登覽詩曰：

千仞層巒古化成，
攀緣石磴叩禪局。
李朝怪誕碑猶在，
明賊兇殘寺已更。
路少人踪苔甲綠，
山多春雨繞痕青，
憑高眼界無窮著，
萬古茫茫草樹平。

卷山

卷山在金榜縣珠江之右岸。山甚高聳，相傳嘗有白雪擁其上，多產蓍草。下有龜窟，天晴霽，群出于山旁。

章陽渡，鹹子關

章陽渡在上福珥河津次，陳日熇破元帥唆都處。陳上相光啓詩曰：

奪槊章陽渡，
擒胡鹹子關。
太平須致力，
萬古舊江山。

黎末進士范貴適詩曰：

扁舟曉發章陽渡。
但見沙鷗浮洲渚。
欲尋陳、元古戰場，
端在中流湍激處。

鹹子關在河之東東安縣。其關不知何代廢，後爲鹹子州。

朱安講學遺址

青池縣龔黃社陳大儒朱安講室講學處，縣人即其遺址，立祠祀之。

阮 薦　李常傑

阮薦故里在上福縣蕊溪社。李常傑在永順太和坊。

古覽山寺

青威縣古覽山寺，黎初陳判官歸隱處。判官，史傳失其名，從黎太祖起義，爲判大理正，屢參謀議。黎既得國，陳自言疎狂，辭官歸，留之不可，即削髮托爲僧，去住此寺。後不知所之。

翠靄津

翠靄津在上福珥河南岸，節婦潘氏佝大處。潘氏字舜，石河爪牙人。夫吳福收者，黎中興名將吳景祐之後，同社人也。黎末管前澤隊，與僞惠戰于翠靄，陣沒。潘葬祭畢，臨流爲位，哭拜其夫靈，又南望拜其母鄉，自投于江而死。後人贊詠有云：

珥河鋒鏑綱常淚
翠靄波濤節義身

是也。

三星山

三星山在金榜縣。山腰有白石三片（圓樣），每於清夜，光芒如曙星。

古弄城

古弄城在青廉縣（今在南定省，懿安縣），明人所築。陳破明軍於逋姑，沐晟走保此城，遺址尚存。黎末，村民耕治，猶有得劍者（明兵之遺器也）。榜眼黎貴惇詩曰：

荒壁頹垣四百秋，
瓜藤荳蔓放春柔。
碧波已洗陳王恨，
青草難遮沐晟羞。
黃犢雨餘耕古劍，
寒蟬月下噪殘樓。
封疆何事勤開闢，
堯舜當年只九州。

使君城　吳兵斗

使君城有二：一在青威縣保陀社，杜景碩據杜洞江築也；一在白鶴縣扶立社，名汴山，喬公罕據峯州築也，皆當吳王末，遺址尚存。

保陀又有吳兵斗。潤胡末，明人霸占，兵死（疫疾）甚衆，乃築土爲斗城以量其數。遺址亦存。

雄王山

雄王山在扶寧縣（一在山圍縣，名義崗山。山作金形，蒼秀特廣）雄王故都處。

義　嶺

義嶺在白鶴縣，越池村。相傳涇陽王嘗都其地。

白鶴祠

白鶴祠在白鶴江上。唐永徽中，峯州都督李常明夜夢神人，自稱土令。遂依所見，立祠塑像祀之。

傘圓山

傘圓山在不拔、明義二縣界。貉龍君五十子歸山，其一治此山（圓山與三島對峙，乃北圻之鎮山也）。

二徵王祠

二徵王祠在福壽縣喝江社。

嶠公城

嶠公城在錦溪縣洩舍社（一作張舍），即古回湖。吳王末，矯君順所築（遺址今存）。

阮家灣

阮家灣在安樂縣永慕（一作姥）社。吳王末，阮太平據此，因名。（一名獨耳山，一名汴山，平地突起土堆，下臨深潭）。

李服蠻祠

李服蠻祠在丹鳳安山縣。服蠻，李南帝之將。李太祖夢見之，爲之祠。

柴山

柴山在安山瑞圭社，名佛跡山（又一名蒲陀山）古名捕蛇落。四面平田，山上有寺有洞，李高僧徐道行尸解落處。石壁間，有頭跟，凹痕尚存（按山面臨平地，背照江水。山巔有平坦一處，可坐數十人，俗號爲天市。山脚有天福寺，上有岩洞。山前有池，俗號龍池。池之左右，有日仙、月仙二橋。景物清麗，爲一方勝概）。

馮克寬故里

馮克寬故里在石室縣馮舍社。克寬，黎中興名臣（中進士第）。年已七十餘，無異強壯。嘗因事謫居襄陽（或云因留守西都失火，或云因爲我朝太祖嘉裕皇帝錙南歸）。未幾，召還，官太宰，爵上公。（公事能前知，嘗於碑陰預勒百年後，阮覝及里人官銜姓名）。

錦山

錦山在先豐縣古都社。上有神祠，下有伏石。連江培沙露出分明者，邑中必有登科。

松山

古法社有松山。丁先皇討十二使君（阮寬）嘗駐蹕于此。

龍珠潭

龍珠潭在安山縣龍珠社。潭上有山，山有洞，亦有溪通于喝江。黎嘗建行官于山上，因開湖以舟。水甚清，景亦幽雅。山上有陰陽石。俗傳陽石鳴則晴，陰石鳴則雨。一名爲紫沉山。

螺城

螺城在東岸縣古螺社。古封溪地，安陽王所都，盤繞如螺形，故名。一名思龍城。唐人呼曰崑崙城，謂其城最高也。前吳王權亦都此。

七曜山

七曜山在安豐縣安阜社。（土山聯絡，突起七堆）。初，安陽王築螺城，纔畢輒壞。王患之，乃齋禱再築。一日，有神人至，告曰：「待清江使來。」即辭去。次日早，王出城門，見金龜浮江而來，異之，祈焉。龜作人言，自稱江使。王喜，盛以金盤持歸，問以城崩之由。對曰：「此前王子附山精欲報仇。今隱於七曜山。山中又有古伶人死葬焉，化爲妖。山旁有魔雷館，館名悟空者，家有一女，一白鷄，皆妖氣所化。行旅夜宿，多死，鬼害之也。相與附此爲祟，故城壞。」王乃微服，與金龜往除妖怪，索鷄殺之，其女亦死。又令人掘山中，得古樂器及伶人骨，燒棄之，其妖遂絕。城築半月而成。

鎭天眞武祠

鎭天眞武祠在安豐瑞雷（古云春雷）社武當山（山有一巓連七曜山），亦號武當元君祠（以有祠故以名山）。蜀安陽王築螺城，與金龜江使往除妖怪，還至山，見巨人跡問之。江使曰：「此乃上玄降鑒，爲國除邪」。及趙武帝遣劉撰典交趾，撰見妖氣，即于此山設壇祈禱。忽見一大人曰：「我乃武當元君，上帝使我降除妖怪。」言訖，乘雲飄去。自此，妖怪絕。後感其德，因壇址立祠祀之。明史：明成祖世，黃毛塔子反，明兵敗走。忽空中有人持劍，驅動風雷，殺破黃毛賊。成祖詢之，知是北方眞武之神，乃詣武當山塑金身，起峻殿祀之，賽謝大醮。其顯靈助順有如此（今邑州人多有祈者必應）。

貴明神祠

貴明神祠在安豐內郛社函山上。（神乃貉龍君之子也。沒後，顯跡于此。民祠祀之。黎洪順年間，旱，令採花阮有嚴禱于扶董神祠。夜夢神告以今獨函山神司一壺水，可往祈之。嚴往禱之，果得澍雨。乃賜大鼓一面，龍磚五千以供祀事。今存之。）

李太祖故鄉

李太祖故鄉（湯沐邑）在東岸縣亭榜社，有李朝八帝陵廟在焉。

蕉山

蕉山在安豐蕉山社，山有寺，李太祖母范氏夢與神遇處（夢與神人交而生帝）。

天德江

天德江在東岸縣，乃珥河別流，故名廷盪（一作延蘊）江。李太祖以古法爲天德府，因名天德江，又曰東岸江，即安陽王與趙尉陀所分平江南北界處，與日德江、月德江三江流下，均注于六頭（北州有三恒、三德之謠）。

月恆山

月恆（今改爲月常）山在仙遊縣、回抱社（一曰白色山，亦曰茶山）李聖宗❶幸此賜名。山產松，下有神祠。

【校勘記】

❶原作「尊」，避阮朝皇帝諱名。

日恆山

日恆（今改爲日升）山在桂〔陽〕縣雲每社，一云木凡山。北朝謂我國有日、月二山鎮此，故中國不能併封其地，即此。

佛跡山

佛跡山在仙遊佛跡社，又名爛柯山，古樵夫觀碁爛柯處（山上有石獸、龍池、石室。巔有石碁枰。相傳樵夫王質入山，見二老坐松下圍碁，倚斧而觀。迨局殘，不覺斧柯之爛，故名）。山下有寺，名萬福，景致幽雅，李代所造。史記趙陀與安陽王戰即此。傳奇錄徐式解裘贖仙女亦此。

伏象山

伏象山在嘉林縣古碑社。黎築古碑故城，此山爲之表鎮。

董天王故里

董天王故里在仙遊扶董社。雄王世有北兵，其鄉有兒子，甫三歲，告使者請於雄王爲鑄鐵馬騎乘以拒敵，破之，至衞靈山（在金英縣衞靈社，一名朔山）騰空去。李太祖封冲天神王。今扶董社及衞靈山皆有廟在焉，最靈應（董天王生母祠在武江縣市球社。母履跡後有娠，住居市林調山寺，居期而生。及後，邑人立祠祀之）。

士王廟

士王廟在超類，墓祠在嘉平縣三桠社。王姓士名燮（蒼梧廣信人），字彥威。後漢靈帝爲交州太守，封龍慶亭侯。教民以詩書、禮、義。國人愛之，號曰士王。在州凡四十年，壽九十，卒。治羸樓即其地也（高駢往交州過其境，遇一異人，衣冠端雅，接駢與語，忽不見。詢之，乃士王墓廟所，大驚）。

按：前此東漢之初，錫光，壬延皆以禮義爲教，文風漸起。故李進以州人入仕，還刺本州。歷二百年，至士王而大著。故我國言儒書，推王爲祖云。

法雲寺

法雲寺在嘉平縣萬斯社。相傳士王爲太守日，有女無夫而育，抱入山，置諸大樹。樹開腹納之。後其樹爲風雨所拔，流至其鄉。鄉人斫樹中得石佛，因立寺祀。祈雨輒應，故名（與法雨❶最爲靈應）。

【校勘記】

❶ 原作「法雲」。

東究山

東究山(一名天臺山，一名東皐山)在嘉平東究社(一峯卓立，土石崔嵬。傍群峯，下臨江流，頗稱佳趣)。上有寺塔，唐高駢所建。

延應寺

延應寺在超類姜寺社，有法雲、法雨、法電、法雷四佛像，稔著靈應。

金牛川

金牛川在嘉林金牛社。唐節度使高駢欲鑿爛柯山脊❶，忽見金牛自山奔出，由地中行，向大羅城西湖中潛焉。所過之地，開成川渠，故名。

【校勘記】

❶「脊」字原作「瘠」字。

普賴山

普賴山在桂陽普賴社。上有寺，唐咸通中，高僧楊空路卓錫處，俯瞰六頭江，景致空濶。僧鑄巨鐘，後流于寺邊岸，相傳爲墮鐘瀨。

覽山

覽山亦在桂陽縣，唐高駢作石柱以壓之。山中有寺，俯臨天德江，松栢青葱（四月初八日，士女嘗會歌于此）。陳人有詩曰：

俗多變態雲蒼狗，
松不知年僧白頭。

黎桂堂（貴惇小號）詩云：

攢雲綠送三千樹，
盤嶺青環十六鄉。

（山羅列——總內）。

如月江

如月江在東岸、安豐、仙遊等縣界。江口有張將軍祠。其神兄弟二人（兄名吼，弟名喝）皆趙越王光復名將。後隱扶龍山。李南帝召之，不應，仰藥卒。吳南晉王討李暉，夢二張來助。賊平，立祠于此祀之（封兄爲大當江都護國神王，弟爲小當〔江〕都護國神王）。李仁宗世，李常傑拒宋郭逵于如月江。軍士夜聞祠中誦詩，言宋人必敗。果大破宋師。祠中吟曰：

南國山河南帝居，
截然分定在天書。

如何逆虜來侵犯，

汝等行看取敗虛。

明珠古井

明珠古井在螺城。安陽王爲趙佗所敗，奔至海濱（今乂安），聞江使之言❶，斬女子媚珠，血流水中，蚌蛤含之，化爲珠。仲始抱媚珠尸歸葬螺城，悲慨不勝，投井死。後人得東海明珠，以井水洗之，色愈光瑩，故名。（井，安陽王所鑿。仲始，媚珠之夫）。

【校勘記】

❶原無「言」字。

昌江故城

昌江故城在保祿壽昌社，明人所築。黎太祖命名將攻破其城，並市橋故城（在武江縣界），刁鴿（一作鵶）故城（在嘉林縣界）皆拔之。明將戰死及爭降。今城已墾爲田。

女學士祠

女學士祠在金英縣扶魯社。按：安樂梅溪人阮蕙，字瓊香，乃金花扶舍社符叔宏之妻。工詩文，有題儒靈山神祠詩。黎聖宗巡幸過此，見詩詞❶騷雅，愛之，召使教授宮中，賜號符家女學士。後，卿人立祠祀之（即其家立祠）。

【校勘記】

❶「詞」字，原誤作「祠」字。

讀書石人

讀書石人在鳳眼縣郢淵社，舊有土阜，草木叢中，有一石似人，夜聞細細讀書聲。社人因建先賢祠址于此。

申仁忠故里

申仁忠故里在安勇寧江社（公父子祖孫科宦，榮一世）。

杜潤故里

杜潤故里在金英縣金英社。

昌江

昌江在鳳眼縣，黎太祖擒明都督崔聚、尙書黃福處。

陳太宗故鄉

陳太宗故鄉在美祿縣即墨社，有陳諸帝陵及十二帝廟在焉。

陳太宗、聖宗、明宗

陳太上皇太宗、聖宗陵廟皆在興仁縣（今屬興安）大堂社。明宗陵在舒池洞探社。

自然洲

自然洲在東安、永興等社，古褚家津，即褚童子飛升之所，亦名「一夜澤」。李南帝、趙光復皆與陳覇先相拒于此。

柳杏公主祠

柳杏公主祠在天本縣安泰、雲葛二社。夫人姓陳（雲葛人）俗稱雲葛神女是也。天仙降世，稔著英靈。歷朝封上等神（封爲制勝却敵柳杏公主；第二妹瓊宮維仙夫人；第三妹廣宮桂花夫人，均封中等神。

憲南故宮

憲南故宮在金洞縣仁育社，前黎前山南鎭蒞。凡外國來商，俱湊集于此，謂之來朝灘。風物繁盛，瓦屋蟬聯。北圻一大都會，惟昇龍與此耳。故有「第一京畿、第二憲南」之語。今則非復舊矣。

范使君祠

范使君（十二使君之一）祠在金洞縣藤洲、赤藤二社。吳王末，范防遏據藤洲，後歸丁先皇爲親衞上將軍。沒後顯靈，人立祠祀之（李太祖巡遊，舟行藤江，風雨大至。帝密祝，忽見半江雨，半江晴。異之，命增修祠宇。祠在堤外，爲河水所激，人見有車馬侍從，若防護者。故其堤雖塌而水不爲災。黎統元移祠于堤上。將成，縣吏與匠人宿于堤下，聞隱隱鍧鍧聲，若工作之狀。）

阮使君祠

阮使君祠在東安縣東結、樂水、中州三社。阮超據扶烈，與丁戰敗，一劍一馬化于沛川江分，三月不朽，顏色如生。人以爲神，立祠祀之。

宋狀元祠

宋狀元祠在扶渠縣安棣社。世傳宋珍（安棣社人）生而頴異，六歲通詩書六藝，八歲中狀元。奉往北使，被留十年得歸，尋卒。封福神（紹治年加封俊良亮直之神）。

海潮江

海潮江在興仁、仙侶縣界，陳渴眞擒占主蓬莪處。

徐節婦祠

徐節婦祠在金洞泮水社。

按：徐蕊卿、金洞彩睦人，徐達官之女也。嫁于僉書馮立言之子仲達（在昇龍城，同春坊）。未幾，立言外補乂安守。達往從之。蕊在夫家數年。立言卒于官。達縱酒博，官橐一空，徒手而歸。問之，具言其故。然達故態不峻。復日與賈人杜三，青馮慈烏人雙博。蕊常常泣諫，達不聽。一日，杜出錢百萬，達貧無所出，以蕊爲賭。達三擲三北，乃使蕊歸于杜。蕊請回家，與諸兒一決。達許之。至家，撫兩兒背曰：「汝父薄情，殊無聊賴，死亦不難。徒以爾曹爲念爾」。乃自縊。後達往歸化府（今興化）覓故交干貸。途中渴睡，假息丹楓樹下，聞空中有聲曰：「果馮郎否？某日可就徵王祠下相見。」達怪訝。如期至祠所，偃臥于橋樑破板。三更末，聞哭聲自遠漸近。及前半丈，可目之，乃蕊卿也。達因詢始末。蕊曰：「妾沒後，上帝憫其女命，加恩旨隸嚴祠，職掌牋奏。昨因行雨，暫爾驚喚。否則，無日可逢也。」達但自認罪責。蕊曰：「妾嘗侍奉左右，竊聞諸語，謂胡訖籙。丙戌年，兵革大起。有眞人姓黎從西南方出。勉教子堅心追隨。妾雖死不朽矣！」言訖不見。達醒覺，遂不復娶，撫育二子。至於長成，聞黎太祖起兵，往從之，有功烈。

阮忠彥故里

陳朝阮忠彥故里在天施縣土黃社（爵國公）

安子山

安子山在東潮縣南畝社。山極高，爲海陽諸山之祖，漢安期生得道處（見地輿經訣云：其開如蓮，其飛如鳶，雙出不齊，多生忤逆）。昔陳諸帝以爲參禪住庵名地。法螺、玄光亦卓錫于此。山上有紫霄庵（一云紫霄峯，一作臥雲庵），陳仁宗所建。解寃溪（自山巔發源，水碧清冽）所謂虎溪即此。

（玄光詩曰：

庵逼青霄冷，
門開雲上層。
已竿龍洞日，（龍洞寺在山脚）
猶尺虎溪冰。
抱拙無餘策，
扶衰有瘦藤。
竹林多宿鳥，
過半伴閒僧。

爲溪景而作也。）

解寃寺（面溪背山，有長松千樹），花煙寺（左右起浮屠院，鐘鼓樓，養僧宴客，堂甚清好），臥龍庵龍洞寺。（阮薦詩：

宇宙眼窮滄海外，

笑談人在碧雲中。

武瓊詩：

岩幽松老洞天寒，

赤槿花開珠露滴。

即此。）

山腰有半棟寺，達清涼處（中極幽僻，陳朝每春，御醫登山擣即其處也）。化龍竹塢（石骨峻嶒，樹木葺翠，望之如一簇雲錦），龍頷溪（自山巔引派如瀑布形，水色如銀。溪流屈曲，復與解寃溪合），庵丈寺（前木犀花盛開，香氣襲人。蔡順詩：「一聲秋在木犀花」即此）。左有庵椿庵❶，雲霄諸寺（陳英宗詩云：

亭亭寶蓋高摩雲，

金仙宮闕無凡塵。

絕峯更有佛堂者，

清風明月相為鄰。

清風匝地無休歇，

明月當空雜冰雪。

此風此月與此人，

合成天下三奇絕。

寺大靈異。山僧以朔望焚香，即下住花煙。一夜夢山神謂：「此間天府清虛，非凡塵憩息之所」。其後衆僧拜掃，以晨鷄暮鐘爲度焉），天市處（花竹交護，市在有蓮池，八七月間花開，芳馥可愛。）銅寺（鄧妃以銅爲瓦），石棊枰（俗曰「仙枰」），棋子皆青石，鐫刻字逾美，不知始于何代。憑高眺遠，萬景在目）。唐孫光庭洞天福地紀：「安山在交州，七十二福地之一」。或云即此山（宋海岳名山圖以此山爲第四福地）。

【校勘記】

❶「庵」字疑衍。

鹿頭山

鹿頭山在東潮縣安子社。陳仁宗嘗過此，民以鹿頭獻膳，故名。

石門山

石門山在荚山縣陽岩社（古名敬主社），一名串珠山，亦曰敬主山。上有三谷，中有洞。谷深，上達天光，一名暘谷，又名石門，亦名陽岩洞（水深無底，直通大江）。陳仁宗伐元，住師山上。縣人范師孟築室于此，後閱兵登山題詩云：

行役❶登家山，
翹首萬里天。
覩鵬南溟外，
賓日東岳前。
安阜天一握，

象頭仞九千，
層層紫霄雲。
會訪安期山，
洶洶白藤濤。
想象吳王船。
憶昔重興帝，
妙轉坤旋乾。
海口千艨艟，
峽門萬旌旗。
反掌奠鰲極，
挽河洗腥羶。
迄今四海民，
長記擒胡年。

范師孟者，陳朝左僕射，嘗使北。明人以其名師孟，問孟子篇義。范暗寫❓孟子七篇爲答。

峽山敬主其故里也。（其詩刻石，今存）。倚山有寺。黎駙馬都督黎權石刻曰：

茉江江上訪瑤嶺，
萬綠烟中紺宇深。
花磴蟠空無俗跡，
拂苔倚石聽幽禽。

此山北望安子，東望白藤江，西站安阜山。（在炭（峽）山金源社，雙峯聳山肖，爲一縣山之祖。其最高峯曰擎天柱，下有池曰天池。天井水清，四時不涸）。南顧象山（在安老縣仙會社，形如伏象，山谷多石乳滴下，如懸珠然）。

【校勘記】

❶「役」字原作「設」字。

❷「寫」字後，原有「七篇」二字，疑衍。

天奇山

天奇山在東潮縣，陳諸帝出家，以爲登覽之所。范師孟題詩曰：

東潮多有好山水，
苦戀明朝敢乞閒。
綠暗錦田今再到，
雲深龍馭杳難攀。
風軒水檻蒼苔古，
竹徑花溪錦石斑。
曾是先皇遊覽處，
春歸秋思正相關。

屯　山

屯山亦在東潮縣屯山社。屹立江津，對岸群峯羅列如象焉。

淡水山

淡水山在東潮淡水社，上有池水不涸，又有靈慶寺，玉清觀。洞崗迴抱，花木敷榮，與安子山皆稱勝地。

博馬山

博馬山（亦在東潮博馬社），自安子發來，突起一尊山。山下有池，水清徹底。池上有福至寺，與瓊林山（在東潮河雷社）前後對峙。山下平崗有寺。

鳳凰山

鳳凰山在至靈縣，傑特社，陳文公隱居處。群峯拱立，兩臂開張，如鳳舞形。有洞，即鳳凰山之一峯，亦名鰲山。陳初，道士玄雲（至靈人）煉丹處因名此山。陳朝大儒朱安文貞公棄官歸隱處。陳世嘗建紫極宮、流光殿于其上（遺址尚存）。近爲麗奇山。又有寺（儷奇古寺）。相傳土人嘗聞寺上隱隱有鐘磬聲。登視之，禪關寂然，惟鳥囀松鳴而已。山（鳳凰）下有井，底有好硃（軟如泥，曬乾成硃）。傍有鼇池，灣曲瀠抱。陳元旦有詩曰：

春日早移花影動，

秋風遠送鶴聲來，
流光殿下松千樹，
盡日擎天一手栽。
朱文貞詩曰：
萬疊蒼山簇畫屛，
斜陽倒掛半溪明。
綠羅徑裡無人到，
山鶴啼煙只一聲。

山有朱文貞公石碑，黎行參從存庵裴壁立。安南志略：「此山清泉漱石，幽谷號風，倏然世外之佳景。」

崑　山

崑山在至靈縣支碍社。山狀如麒麟。上有清虛洞，陳司徒冰壺公陳元旦所建，以爲退休之處（後致仕居焉）。下有池塘，號龍目池。山前後溪水縈流，有漱玉橋。又有白雲庵、資福寺。陳高僧法螺築壺天、眞樂諸庵居之。玄光李道載亦卓錫于此，詢有一方勝景。

抛　山

抛山在至靈縣抛山社。上有古城，明人所築，與藥山（在至靈藥山社）北斗相接。

剡溪山

剡溪山在水棠縣，土石相間，俗號石壁城。昔僞莫聚兵于此。

斗山

斗山在安老縣柯林社。四圍高聳，中央獨凹，形似斗。昔僞莫量兵於此。

塗山

塗山在宜陽縣（塗山、塗海、玉川三社地）。九峯聳起，號九龍山。湧出清泉，水甚甘。八巔聯絡，間水一條。一巔獨大，號母山。阮秉謙（狀元）詩云：「中流一砥柱，障得百川東。」即此。

六頭江

六頭江在至靈縣（左爲至靈界，右爲北寧、桂陽、嘉平界。江之上流自北寧天德、日德、月德三江來，湊會于至靈縣里陽社，合注于青林縣樓溪三岐江，是爲六頭江也）別號抛江。中有一帶沙洲，號大灘洲。風水家以爲六龍爭珠。東南有孕沙，如白雁形，近望如鹽，遠望如冰。北人訣曰：「白雁生毛，產盡英豪」。（北寧武江縣阮族祖墓在五圓山下平崗，以此雁沙作案，繼出進士十八人，衣冠大望族。）

樓溪江

樓溪江在青林縣，（上接北寧三德江流入，分三派）。

清凉江

清凉江在至靈縣。平原有一山突起，上有古寺，下有墨洞渡，名滿渡。登臨一望，荊門諸縣山河，皆在目中。朱文貞公詩曰：

獨立清凉江上❶望，
寒光颯颯湫朝生。

即此。此江與守貞、安田、寧關諸江相接脈。

【校勘記】

❶ 原作「山」。

九瓢江

九瓢江在安老縣（源從金城縣同舍江，分流東北，轉爲一小支，入縣內，徑安論社津次，至萊市社乂津，凡十五里。水勢屈曲，號九瓢）。

九曲河

九曲河在永賴縣。源從興安延河、耕農江來，沿扶舊，抵漢里，縈迴灣抱，望之如九曲行龍，故名。陳朝陳國顙兩却韃兵，出鎭洪路軍民，後退居淨邦之封邑（今永賴縣安廣社是也），改爲萬年村，自號慧忠上士，嘗泛舟九曲河，有吟云：

萬年村兮，賦考槃，
九曲河兮，歌滄浪。

今河岸有興隆寺。

舊雪江

舊雪江在永保縣。莫狀元阮秉謙歸休，築中津館于江岸。今已湮塞。

雷　泉

雷泉在東潮安生山中。水清徹底，深不可測。旁有石門，天將雨，有聲如雷。

白藤江

白藤江在水棠、安陽等縣（北岸爲廣安省安興、堯封縣界），受六頭江下流，吳王權擒南漢師劉弘操處。陳興道大王又擒元帥烏馬兒，昔戾基王❶等于此。

【校勘記】

❶ 昔戾基王，原作「昔戾王基」。

瓊林寺

瓊林寺在東潮縣河雷社（瓊林山下）。陳英宗爲高僧法螺禪師建之。營構宏敞，景趣清閒，爲海陽諸寺之冠。今存。

范廷重故里

范廷重相公故里，在炭（峽）山輕徭社（相公以文臣立武功，勳烈炳著，世所共欽）。

安仁故壘

安仁故壘在唐豪縣安仁社。李末，段尙據洪州築以自保。遺址今存。

鬼門關

鬼門關（北人云：「鬼門關，行路難，十人去，一人還」言惡地也）在溫州。北客立馬伏波將軍祠于此。支棱關亦在溫州，黎太祖擊斬明將柳昇處（又有母子山岩）。

三清岗

三清岗在脫朗州。石峻景幽，左爲望夫石，右爲二清岗。二清岗，黎代督同吳世祿（名時仕，左青威進士）所創。此去數里，有惡水溪。水泉極惡，故名。

巴山

巴山在石安縣石澗社。山高草茂。何年盛夏日，自然有火焚烈，必有豐年。

濾山

濾山在石安扶萬村（下臨江口）。相傳舊有村人李尾，家有女，姿色殊絕，未嫁。一日，尾他往。女在閨業織。忽見梁上一男，自稱金龍下來。女怖走。男子化作蛟形遶抱女身，洩從濾江津去。尾回追尋，見織絲一線，從連至江津沒跡。因衆水，見水邊一石竇寬廣，中有重樓架屋，儼若宮府。聞絲竹聲，有賀新婚之樂。乃從舊路上水，作一竹筩，盛以焰硝火器，包以黃蠟，衆下放于屋後，急上水津，見火從地起，濾山爲之崩墜。山崩處，烝烝如有伏火。村民試以枯柴投下，火即炎上，三日方止（事見黎朝保泰年間）。故奇錄有云：「蛟精奪娶於人寰，罪汚漢劍；李尾復讐於水國，焰舉秦灰」即其事也。今山下猶有土炭云。

那侶城

那侶城在石林縣那侶坊山分，唐張香所築。李通瑞年間，儂存福據城以叛。黎順天四年土酋閉克紹叛，太祖討平之，駐兵於此，因覽山川之勝，命立生祠。有詩勒於石碑，今存。

復和城

復和城在石安縣東南復和社，晉代馬容、張稷所築。黎永壽年間，莫氏竊據高平。復和人農貢虎不從，集上坡、復和二總民，自稱天和王，據其城，與莫相拒，爲莫所殺，棄尸于野，化爲鳥。今城址見存，多有鳥鳴無常聲。人不知其名，田呼之天和鳥（城內有花園、蓮池，故號）。

崇福寺

崇福寺（原名崇慶）在下琅縣令禁社（在山上，下有潭）。有銅鐘，忽一夜落于寺側之潭。僧窺見蛟遶鐘身，載沉載浮，潭水沸動。俄復回故所。夜夜如之。八、九日後，失鐘所在，而此潭亦無蛟患，因號鐘潭（事在黎朝永祚年間）。正和中有太平（北國）州人來商，具言前有銅鐘，從瀧州江逆流，至太平黑河津州，官令匠銷之。其鐘流汗如雨，怒聲如雷。懼不敢毀，懸之別祠。土人隨即到處細認，的是崇慶寺鐘。景興年間，令詞臣撰碑文，略述其事。今存。

亨山

亨山在司農縣朝陽社。昔有北國人來相地，嘆曰：「奇哉，司農！有此騰龍，疊疊重重，王者之宮」。前黎建省城于此。

玉　山

玉山亦在司農（玉山社）。北有大江縈流。南有重山環抱，蓋形勝要地也。黎初討逆芳（阮文芳，山西安樂人）嘗駐兵于此。

獨尊山

獨尊山在普安縣葛泥社（自三島山盤結而來）。山峯特立，上有西天寺。黎永佑年間逆芳竊據此山，修造宮室，貨寶山積。攻之，累年不克。又據玉佩山，故城今存。

玉佩山

玉佩山在平川縣清冷社玉佩村。山峯重疊，灣俯如垂旒，又名掩耳山（俗號岗雯腮）山上有唐高王廟。山中甚爲峻險，故逆芳亦據焉。

化石山

化石山在洞喜縣化中社。山有洞，洞中有石柱。前後各開一竅，出入相通。旁有一竅通天，一竅亘地，寺在其中。山之南有同姥江，山景殊絕。（按：明安南志：龍泉岩在洞喜縣，寬廣可容三、四百人，內有佛殿。東有一竅，清泉噴薄成池，遊魚不可勝數。人有秉燭以遊者，誠敬則肆意盤桓。不然風起火滅，不知歸路。其泉由地中行，約二里許，通于灑水江。今考之省志並本國圖本，均無此岩。惟有石山，形勢較與此岩相似，併錄備考）。

【校勘記】

❶「喜」原作「嘉」。

篆　山

篆山亦在洞喜縣。

晏挺山

晏挺山在白通州晏挺社，峙立江（同㳥）邊。相傳黎中興後，僞莫出奔駐兵于此。兵多帶橘而食。厥後，山橘成林（頗爲佳景）。清夜嘗聞山間喧闐，如人馬鉦鼓之聲，最爲靈異。民祠祀之。

點　山

點山在富良縣洞達社。山前片石起伏如龍驤首。下有雙巨石如象拱朝。崀上腰間，各有祠寺。相傳李朝駙馬楊嗣明顯靈處。

（按：楊嗣明富良觀朝人。史記：李英宗大定三年，遣富良府首領楊嗣明如廣淵（縣名，屬高平）招集州民。四年，詔嗣明勾管陸路諸沿邊溪洞等公務。以韶容公主嫁之，封駙馬即。既而宋妖人譚友諒入寇廣源（即廣淵）。楊率兵討之。友諒奔歸宋，方民以寧。後入朝，與諸公謀誅奸臣（杜英武）不克，死。後顯靈，民祠祀之）。

崑崙山

崑崙山在白通高峙社。孤峯壁立，人跡罕到。中開大洞，可通舟筏。洞之西北有盤。盤上有石，如人形，會坐洞壁兩邊，石文如畫。

三　海

三海在白通州憑州、仙海、南畝等社。（西有石嶺一條。水從山洞中流出，至南畝社，廣開一泓，約六百餘畝，深五丈，俗呼爲「艚海」。沿至高上社，又開一泓，約三百餘畝，深二丈，俗呼爲「岫海」。沿至上教社又開一泓，約三百餘畝，深二丈，俗呼爲「淮海」。每海皆有土石山環遶。旁有民居，水石錯落，樹木森茂。海之中，重峯疊嶺，隱現波濤間。每風靜波恬，漁舟泛泛四出，景致最佳）。

相傳古爲平地。一日，居民方設無遮大會，觀者四集。有一老嫗，癩病臭惡，衣服敝縷來乞食。衆嫌其穢，爭呵逐之。嫗去，途遇是社一婦人與其子憐而食之。嫗喜謂曰：「推食與我，甚是仁慈」。及暮，嫗又告以道遠無依，乞投其家一宿。婦許焉。夜間，聞睡聲如雷。點燈視之，則蛟也，形甚長大。大驚不敢動，但閉戶屏息。及旦啓門，婦與其子向前施禮。嫗乃曰：「若既知我（知非常人）當依我教。適來會中人，一塲喧鬧，皆口佛心蛇，不久必有沉淪之厄。惟汝家一點慈悲出衆，我爲汝開諸覺路，濟了迷津。如今見有異事，宜先疾走高崗，庶免禍害，勿反顧也。」

嫗既去，會向未散。忽平地水湧出。初僅一勺，俄頃漸潰爲沼。婦聞之，即携其子走過三百里許，至山腳依焉。顧覩其地已大陷爲湖。不日之間，化成三海，凡三眼，廣各數里。其餘衆人驚走皆不及，盡沒于水。波瀾澒渺，故謂之海。那婦人即依山腳築室居之。後生育繁盛，成一大邑，即南畝社是也。

劉忠故里

黎初功臣劉忠、劉澍故里在大慈（縣名）雲煙（社名）也。（陳末，胡氏簒逆，明人來侵。忠與其子澍共擔油販賣。至山西三陽縣，關外社錦祠，日暮，遇大風雨，留宿焉。夜初更半，聞有聲問曰：「兄有登朝天否？」聞答曰：「今日有客，倘有某事，敢煩返來報告。」至五更，聞來報云：「今者，天庭榜賜清化路，梁江縣可纛册如盎村人黎利爲王。」忠父子心知其爲神說，遂潛往藍山臣事黎太祖。父子均能領兵討賊，多有克捷大功。太祖即位，定功，封起義第二功臣，爵國公。本朝嘉隆列爲黎開國功臣，蔭其後一人主祀。

石山寺

石山寺（在洞喜化中社）。山有洞，土人因洞爲寺，依石爲壁，以石爲座，清幽迥異。

大同屯

大同屯在牧物州。黎初武文淵初牧此。莫氏旣簒，諸鎭皆從。文淵獨守宣光，兼控端、臨、高平諸府，奉黎正朔，供輸兵餉。黎中興後，其子孫猶數世作鎭（武文淵原海陽嘉祿縣巴東社人，與胞弟武文密俱有才勇。避居宣光，聞大同社邱哀苦有富翁，因往依焉。翁以女妻密。遂居于邱裒。叫聚黨與，殺收州土酋，自稱都將。文淵初據諒郞城，與莫相拒。淵卒，密據大同，稱嘉國公，遣使詣清花行在歸順，黎帝封爲安西王。滅莫有功，仍守大同，準其世襲。以其初自邱裒起，人呼爲主裒。凡所築城，皆以「裒」呼。今大同有祠在，稔著靈應。諒郞城在陸安州、梁山社。草木秀茂，磚石尙遺。土人每於清夜，常聞鉦鼓之聲）。

聚隆山

聚隆山在永綏縣聚隆社，產南針石及紅銅，亦有雜銀砂者，因謂之銅廠，亦號銀廠。山上有碑亭（碑面刻安南國宣光鎭渭川州界址，以賭呪河爲界。雍正六年九月十八日）。

賭呪河

賭呪河在底定縣。岸側有碑（聚隆碑亭）。黎朝保泰年中（大清雍正年號）左侍郞阮輝潤，祭酒阮公宲奉命立，與清國分界處。

母子相隨石，夫婦重圓石

母子相隨石、夫婦重圓石皆在宣光。其石峙立江側。急流觸石湍洄，舟楫多損。鄭森嘗令礮擊落水中，數日復起立如舊。

五行山

五行山在和榮縣東北海際。其山方圓尖竪凹曲，每峯異狀，故名。有應眞寺及洞天福地諸勝，皆先朝所創。

闍槃城

闍槃城在平定符吉縣，占城故都，遺址猶在。城中有塔，占城所建。國初懷國公武性，寧江郡公吳從周殉節處。今有祠在焉。

石碑山

石碑山在富安、慶和之界。黎聖宗立占城，封其遺裔於此山之西，曰「南蟠國」，勒石爲界。山自大嶺西來，重峯疊嶂。至此，別出一峯，東臨大海，西北有潭，號海湖。其山圓如倚蓋。頂上碑石，方如射棚，石色濃黑。黎景興三十六年，山上雷震一聲，石忽變白，後復漸黑。

按：此山蓋古林邑南極界，說見前。

大嶺

大嶺最高，石路崎嶇，多犀、龍、象、牛諸惡獸。

牙莊

牙莊在廣福縣。黎聖宗征占城至此，作詩勞將士。命從駕諸詞臣賡和。狀元梁世榮詩曰：

公義私情鮮得無，
可憐隻影鏡中孤。

誰知壯志馳驅日，
翻作柔腸契濶秋。
蝶夢三更隨處有，
雁書一字到家無。
休賡別鶴離鸞曲，
自古男兒志九州。

岫幢塔

岫幢塔在慶和虬動海門之右。俗傳吳國太子求娶于占城，乃以家人女號岫幢公主妻之。女既嫁，常不樂。後因歸寧，遂留焉。吳王子使人迎之。女自頸，以頭授使者持以歸。吳王子還之，葬此山，築塔于其上。塔甎皆蛋字，不可辨。塔之東有甎柱八，列爲二行，兩兩相對。

按：陳英宗征占城還，有詩曰：

錦纜歸來繫老榕，
曉霜花重盼雲蓬。
山家雨脚青松月，
漁國潮頭紅蓼風。
萬隊旌旗光海藏，
五更簫鼓落天宮。
船牕一枕江湖焕，

不復岫幢入夢中。

結句似用乾海門故事，抑別有所指。或因詩而訛爲此說，未可知也（今其塔乃祀天依阿那演妃神）。

梅　寺

梅寺在新隆縣福臨社。昔眞臘國尙佛，其國王所築浮屠處，今有寺在。其遺址滿丘墟皆臘梅無雜樹，故名。

同門屯

同門屯在隆城縣。五屯犬牙相錯。國初攻僞西所築也。

孔雀原

孔雀原在新和縣。國初，懷國公武性築城，以孤軍獨與僞西相拒三年于其地。僞西由此勢力日蹙矣。

迴水淵

迴水淵（俗號渃熾）在豐登縣永治沱，與後江合流，江水漣洄，故〔名〕❶。我世祖高皇帝迴鑾初（自望閣迴本國）駐蹕其地。

【校勘記】

❶「名」字原脫。

翁掌汎

翁掌汎在安川縣前江西南（前江後江屬安河地）所出小沱口。國初，統掌奇阮有鏡（功臣名將）略地高蠻，駐兵于此，故名。今有祠在焉。（「汎」平聲，南圻土語。大水與小沱分合處之稱）。

翁哄涇

翁哄涇在久安縣。我世祖高皇帝駕幸嘉定日，縣人號翁哄者，願以家貲助軍餉。遂疏渠自所居達于新隆江以運之，因名。後反正優給之。

仙川洞

仙川洞在河洲縣芙蓉山之西。洞中可容數百人。有寺，河仙鎮都督鄚天賜所創立也。洞口上有石垂如鼓，撞之，聲甚清亮。其旁石上有窊鐏，深一寸許。水自石中滲出，以手掬之，盡復滿。外有江水縈迴，群峯列峙。景趣幽雅，洵南圻一名勝也。

瑞山

瑞山在安江巴川縣，俗名垃山，古屬番界。旁有東川港，嵯峨特起，活動如神戲水，彩鳳臨江，眞天地之秀鍾也。嘉隆丁丑，奉，賜名瑞山，有石碑誌其事（安江督學高輝濯撰，明命三年壬午立。

三、人品

本國文獻，北朝所推。但公私記載，大抵寫本。自黎以前，屢遭兵火，典籍缺略。然名公巨卿，載在遺史，播于人口，正復不少。其卓卓然者，如陳朝興道大王陳國峻、黎朝嵩國公阮熾，求之北朝漢、唐以後亦未易多得也。

興道大王

興道大王，安生王子，以才名。處嫌疑之地而能致誠動物，匡濟世艱，屢敗元兵，擒其首帥，奠安國統。觀其去杖鐔，怒國纇（王長子也）及檄諭將士，以紀信代漢高，由于蔽楚子，誓必梟韃靼頭，腐雲南肉。蓋不獨將略過人，而其善處嫌疑，忠誠懇惻，眞百代殊絕人物也。

嵩國公

嵩國公初從黎太祖，但以勇略聞。及誅屯、般，立聖宗，規模沉密，人莫能測。宜民之將篡也，嵩國公以盲疾乞休歸。既歸，行止必依妾婢，對客亦然。

一日，有侍妾扶腋如厠。既闔戶，妾偶從隙間窺公方手披一小册觀看。妾私自語曰：「相公不盲也」。公佯不聞。頃，呼妾入，抽懷中利匕首刺殺之。自閉戶。至夜乃出，告其子師回埋此妾，秘之，人不知也。

屯、般又令親信人投爲小茶童，伺其動靜。一日，在嵩國公坐前，故與侍妾戲，有蟋蟀聲。

公問童輩何爲。童以搗茶對，則曰：「搗訖，好瀹與我飲。」彼遂歸告屯、般，以爲眞盲，不之疑也。

後乃自陳桑楡無幾，心戀闕庭，乞令其子扶腋入覲。既至，遂與諸大臣黎念、黎列等密謀。區畫已定，立靖內難。

昔人詠史詩，有「天下未平目未瞑，如何不見搗茶聲」之句。乃知成大事者，常在重厚縝密之人，非輕銳浮躁者所能辨也。

按：公少有大志，年十餘歲，初販鹽。從黎太祖，令養獵犬百餘。每飼犬，必左右行列，無敢先後。又嘗指揮群犬，令分布隊伍，無一違者。太祖知其才可將云。及爲將，每孤軍遇敵，轉敗爲功。太祖大奇之，寵尊益至。

陳日燏

陳世，元兵屢侵，國方多難。大王陳日燏以王室懿親，身都將相，規劃施設，動合機宜，功業與興道大王相伯仲（陳氏公室，多有親勳列烈）。

陳元捍

黎左丞相陳元捍，故陳大司徒元旦之孫也。憤家國失柄，聞黎太祖起兵，往從之，願爲故家復讐，屢薦大功。約事平後歸農。後果踐其言，志義蓋可尚已，而卒不免於禍。讒說之中人，甚可畏也哉！

武臣讀書

陳黎初，武臣多讀書（蓋韜略原義理上求）。如范五老出身戎行，爲殿帥。史載其詩曰：

橫槊江山拾幾秋，
三軍貔虎志吞牛。
男兒未了功名債，
羞聽人間說武侯。

黎念、黎弘毓皆將家子。念官入內都督，知東道軍事。黎聖宗愛其詩，每作，常令賡和。弘毓初官都督同知，後爲尙書。明使錢溥稱其學問淵洽。都督黎權詩文亦工。黎末無此風也。

鄭檢

鄭檢起自微賤，爲我肇祖靖皇帝所識拔，授以兵柄。卒扶黎氏立功業（中興元功），才謀幹略不負主知。子松亦有才幹。然專弄威福，棄命奪嫡，迫殺兩主。其惡浮於操、懿矣。

阮秉謙

阮秉謙海陽永賴人。當閏莫也，年四十，應舉諸場皆第一（狀元），爲尙書，爵桂國公。後致仕居家授徒，別號白雲庵。秉謙雖仕莫氏而黎朝有大計議，每使人訪焉。「秧稻」一言，續黎氏重興之統；「橫山」八字，開阮❶朝前代之基。（橫山一帶，萬代容身）。蓋深明於數學者也。

【校勘記】

❶「阮」原作「興」。

裴士暹

黎之末造，鄭氏專權，往往迫黎帝內禪幼君，利其易制。寺卿經縷裴士暹（進士）獨直，啓鄭主橿，痛詆其非，勸以勿蹈既往之愆，遵不易之常經，以迴狂波於既倒。橿大怒，奪其官，放歸田里。蓋當日諸臣，敢斥鄭氏之惡者，惟暹一人而已（黎末強臣迫制，其弊固有自來）。

文臣立武功

黎中興後，阮文偕、范廷重、段阮俊（皆進士出身）皆以文臣立武功。朝野倚以爲重。廷重於黎代最有名，及鎮乂安，年四十一，無疾暴卒（仕尚書，海郡公）。人謂廷重之死，亦士燮、叔孫婼祈死之意。其同官爲文哭之云：「相公何以死爲？」又云：「相公非可死之時」。又云：「病不及醫」，蓋微辭也（重所至，民畏威懷德；皆以「生神」呼之）。

以身殉國

陳渴眞死於季犛之難。裴伯耆艱難告訴，志存陳祀。阮表罵張輔而死。黎前光紹統元年間，黎俊茂（進士）袖石投莫登庸（僞莫主）而死。韶龜齡（進士）罵賊而自投于河。武睿（狀元）、吳煥（以下皆科甲人）譚愼徽、杜岳、黎俊傑、阮自強、黎孝忠、黎無疆、阮敏篤、賴金榜、阮泰拔、阮宣勤、阮文運、阮有嚴、阮紹知、鄭顒、鄭昂、鄭惟僚（一作燎）、潘正誼等皆以身殉國，不負皇王教育之恩矣。（後黎中興皆追封節義大王。今仍封福神）。

後黎之亡，惟陳案（黃甲）、阮廷簡（以下皆進士）、阮輝濯、阮輝宿、黎炯等數人。餘不多見。蓋鄭氏專權，高尚之士大抵韜晦遠引。其或名位素微，雖有卓立獨行，如阮勵等，又未有表而出之者，所以久而湮沒耳。勵居里失詳。

鄭森既呼黎帝太子維禕幽之，官屬皆散。有鄉貢武撤與其故官數人謀脫太子。逆黨黃五福令人告之，辭連阮勵。逮問，勵曰：「太子，國之儲貳，無罪迫辱。謀出之，是義舉也。但實不得預其謀。祇此心未死，不能附逆黨陷太子耳。今迫於拷掠，誣服，非勇也；以無為有，非信也。且此事謂勵等自謀或有之。太子被幽，妻子尚不得出入，勵等何從見太子而白其謀乎？有死而已，不知所言。」拷訊之苦，身無完膚，至死不變。節義類如此。

陳名案

陳名案寶篆人，尚書𥨪（進士）之子，舉黎昭統進士，官御史。出帝（昭統）北遷，公案追至關上，不及，返。作詩，有云：

人於鳥獸不同群，
蜂蟻雖微尚有君。

又曰：

天如無意扶生木，
案亦甘心作死神。

遂不食死。

又云：

北窗處士猶書晉，

東海先生不帝秦。

阮廷簡

阮廷簡弘化永治人，黎末進士。昭統帝立為副都御史。偽西再陷昇龍，招黎朝士，縻以官職，惟簡與黎惟亶（香羅進士）、阮惟洽三人不赴。簡後歸清化起兵討賊，不克，死之。惠之初陷昇龍也，使其黨嗾黎朝士作勸進表。衆尚依違。阮輝濯毅然不肯，仰藥卒，事亦止。

黎侗

黎侗、超類大卯人，黎侍內，封長派侯。昭統帝北遷，從亡數十人，皆為福康安（兩廣總督）所騙，令薙髮從北國俗。惟侗與李秉造、黎治、鄭憲不肯從。怵之，則曰：「頭可斷，髮不可薙」。遂送燕州幽禁。嘉隆三年，昭統帝喪還，乃得歸。

朝廷嘉其節，欲官之。惟憲就職，官土刑部參部。侗、造不肯復仕，各歸田里。康安嘗曰：「黎氏之亡，節義者此等人，蓋可尚已！」

海郡公

黎之亡，有海郡公者，黎宗室也，率其屬以拒僞惠。戰敗，爲僞所獲。問之曰：「昔微子去殷歸周以存世祀。今何必爾？」曰：「武王，聖；微子，賢。故如此。今眼前看不出武王，如何肯服？」遂死。

范搗謙

范搗謙（後改阮攸，石洞進士）嘗勸鄭氏還政，不從。及爲乂安督❶同，西山之變，避賊清漳。阮整乃其妻弟也，使人說之。謙曰：「我豈從賊耶？」賦詩有云：

已矣英雄無用武，
果然天意喪斯文。

遂入山不食死。

人有謂鄭氏專權，范不知引去，非知幾者。其責備誠然。要之當此之際，除非高蹈丘園，既食其祿，不可苟免。不猶愈於易面變辭，甘爲名教罪人乎？

【校勘記】

❶「督」，原作「都」。

陳芳昺

陳芳昺，玉田進士，給事中陳名儆之子。西山之亂，僞耀鎮乂安方造丁籍，盡索村邑人，給以牌佩帶以爲識認，謂之「信牌」。昺不肯佩。耀亦聞其才名，迫致，欲誘以官，不肯。拘脇之，昺作詩示，賊曰：

滄桑底事大紛披，
苦節終完此百罹。
河漢不曾淪弱骨，
雲山漫自鎮愁眉。
寰區荼毒三生在，
鼎鑊[1]飴甘一死歸。
誼斷在前天在上，
景純一命打何期。

賊乃釋之，延設賓饌。不肯食，於席作詩云：

地覆天翻六載餘，
故家公子又何如。
衷腸暗惜乾坤恨，
面目明慚日月居。
賸得有身貞苦節，

不辭無米煮甘藷。
憤同鬱靡長凋沮，
莫問東君幸發舒。

賊知不可屈，禮遣之。既歸，結豪傑謀應義。賦詩有：

寶臺山下海門濱，
每得南來便問君。

之句，爲賊所覺。遂率子弟鄉里與賊拒戰。敗，自頸於鴻嶺山下。事雖不成，志可尚也。

【校勘記】

❶「鑊」下，原有「銘」字，疑衍。

黎貴惇

延河榜眼黎貴惇聰悟過人，多所著述，有學識。觀所作撫邊錄、見聞錄及芸臺類語論區寰一段可見。仕至尚書。及門成達者衆。

（公，世家子也。先有金減尙書榜眼何勳者，幼歲，其父令持錢就市鋪買曆。勳就鋪取曆看一遍，徑將持錢去，盡以買餅啖之，空手而歸。父問曆安在。勳對曰：「已熟了，以爲不必買也。」問錢，以食餅過訖對。父怪之，更使人買曆回，試令背讀，不差一字。貴惇聞此，試效之，不及也。然亦能背寫道旁醲錢修石橋人姓名碑。）

阮輝漌

阮輝漌，嘉林富市人，世家子也。黎末中宏詞，又舉進士，辭不仕。既歸里，獨居一室，以文史自娛，不履城市。及父輝胤（進士）致仕歸家，晨夕供養，相講論經典，門庭晏如也。終養後，屢徵不起。亂後卒于家。

阮　瓊

弘化渤上人阮瓊有才名。黎末舉鄉貢，以行文多嘲戲，故會試不中。遂不求仕進，優游自由。嘗幫官伴接北使，言語頗自矜負。客意多不滿。因觀畫，令其佐與瓊較勝負。約以打鼓一聲，畫一動物。瓊答曰：「鼓一，畫十亦不難，況一物乎？」客怪其大言，遂置筆紙於前。瓊令人磨墨一大硯。既鼓，客畫一禽略具。瓊乃以兩手十指併染墨描紙上，則舉紙曰：「此乃十蚯蚓」。客愕然，拱揖嘆服。

瓊出，見商客五、六人從船上岸，首各負寶器。瓊乃叩首斂揖。客人守禮，不得已各合手答叩。器盡墜破。客大含怒，思杖殺而不能得。

瓊傲物肆志，氣蓋一世，王公諸貴要皆斂裾下風。人比之東方朔云（瓊最惡宦官怙勢，多以事嘲笑之）。

黎有薰

黎有薰，海陽人，故名家子也。黎季，鄭氏專權，避地隱居于香山之福祿。才學富贍，器宇豪爽，常作詩，有曰：

善亦懶為何況惡，
富非所願豈憂貧。

因自號海上懶翁，尤邃於醫。

本縣黃斤阮翁，與家尊往來甚熟，家富贍。愚年十六、七，翁已七十許。人言翁中年常得一疾。初患腹痛，便道不常。久之，遂不復痛，但半餐即裏急走圊。醫治數年不效。詣師祈療。見堂掛匾，戒病人來者勿言症，待師診脈揣症不差，乃能治。不然則是見識未到，別求明醫可也。翁乃出就館，暮詣堂宿。夜四更，師出診畢，曰：「此症不載方書，亦異疾也。此乃大腸下段虛，故半食則便道急耳」。翁遂驚喜，下拜。師曰：「此症亦不甚難，但服藥費八十緡即愈」。翁即唱喏。師令且休，時已牌來取藥喫。翁在持糯、猪及錢如數，依期再詣。師授以膏藥一大碗，曰：「此加味八味丸也，服盡則愈」。翁喜持歸，一服半劑，覺腹微脹，不思食。及暮，未消。試服，則微痛不復急。存半劑，服一、五日而盡，病亦止。乃烹豕粎糯，持銀子一笏來謝。師曰：「昨所取費不及半。但子亦有力，兼以清貧無酬者耳」。却其銀不受。翁因請尚須調理否。曰：「此回三年內無病。但須求虎鯊魚肝食之，則永不復發。足三年，當患目痛。可服八味，地黃加菊花枸杞丸，一劑便愈。」後果如言。

師所著有懶翁醫案行于世。後人但知以名醫稱而不知其為一高士也。

阮衡

阮衡字南叔，才學高邁，故黎名家子也。西賊求索，輒斶遽遁。嘗賦杜鵑詩曰：

鷓鴣鳴山南，
杜鵑鳴山北。
一鳴曰家家，
一鳴曰國國。
彼鳥猶有家國聲，
孤臣至此心何極。

衡古詩沉鬱，所作觀海、鳴鵑諸集，皆憂世憫俗之語。我國朝大定，衡年未老，亦不復應舉，終身窮約而卒。

阮浹

阮浹字啓顥，羅山月澳人，黎末鄉貢，爲知縣。及亂，棄官歸隱南花山六年城之側，號笠峯居士。所居齋奉考亭先生。每日焚香，常終日危坐。士至者，蔬菜供焉。僞惠陷昇隆（龍），迫致。不受官，復還山。後，僞札延至，問以國事。曰：「不可爲也」。及西山滅，浹在京旅蒙召見，優詔勞遺歸家。尋以老終。

陶惟慈

弘國公陶惟慈，淸化玉山人也。避地南投（寓居平定），運籌決策，翊扶興運。廣平鐵壘，公所建也。遂爲萬世邦畿天險。所進阮有鎰、阮有進，皆爲名將。國朝佐命文臣，推公爲首。

按：公有才略，以唱優子弟，不得用，遂南投。國朝開國功臣第一等者四人，而陀有鎰、有鏡父子居二，眞卓絕也。

鄭玖

鄭玖，故明僑客，避地南投，開拓河僊。我先朝授以總兵，爲西陲保障，可謂善於擇福。子鄭天賜繼襲，綽有父風。阮居貞參謀嘉定，邊籌商略之暇，以詩文往來酬答，招致南北文人，優游唱和，有河仙十詠，樹德軒諸集行世（艮齋所收有溟渤遺漁集）。遐方僻壤，蔚起夏風。及暹丕雅新來侵，以寡敵衆；嘉定諸將遲迴不接，遂致敗衄，退駐鎮江。未幾，僞岳干常。天賜年已七十餘，奉迎車駕，志圖報國。每以手握無兵，拊膺惋嘆。賊既猖獗，勢力不支，卒以旅死。志雖不就，風流節義眞可嘉也。

武性

懷國公武性（娶公主）、寧江郡公吳從周守闍盤城（今平順），賊合衆圍之三年，官兵屢援不解。及食盡勢窮，城將陷，吳公詣武公計事。武公指城中八角樓曰：「吾計在此矣」。吳公歸，具朝服，望闕庭拜曰：「臣力竭矣！」遂仰藥死。武公聞之，往憑其屍曰：「吳公先我一籌矣！」親視殮葬畢。

後二日，武公作書，令人持付僞耀（僞西少傅）云：「將軍死綏，自我等事；士卒天民，不必屠害。」遂登樓召部曲至面前，慰諭之，令其自便。士卒皆大哭。公縱火自焚。有部將阮進暄者亦投火死。闍盤城迫賊窟戶，賊悉衆攻圍，故不敢捨去。公又疏請直道進取舊都（富春），不必留援。因此，天兵直擣富春。賊不敢還救，遂一鼓蕩平。

此二公眞所謂殺身成仁，非獨節義可敬，而其功在國家尤不小者也（後擒僞耀，殺之以爲牲，祭二公于城中）。

阮黃德

阮黃德最有盛名，世目爲虎將。平城伯張明講言：開拓之日，我世祖高皇帝駕在嘉定日，黃德艱關樊附，出視行陣，入侍寢御，夙夜匪懈，可比之季文亮。聖祖仁皇帝嘗稱阮黃德於武臣中最知禮。

黃德總鎭北城，黎質爲協副總鎭。歲首點兵日，五更半，黎詣總鎭官廳。廳卒或睡或醒，更番如常，室內寂無聲響。黎意公睡未起，故作聲喚使騶卒，欲醒覺之，久亦寂然。頗悟焉，令人於門隙潛窺。室中明燭，左右皆露刄。黎大懼，下堦，庭前席坐。遲明，公啓戶出，據案坐。黎前拜，公不動色。黎言粗鹵唐突得罪，望恰沔（丐）命。公乃曰：「將府自有制節，子夜來將何爲者？我與若皆郡公，豈謂我不能斬若耶？」黎拜祈不已。屬城文武，皆爲之謝。良久乃解。嗣後，黎見公嘗惴慄，而公甚加款密，事事皆委決斷，無所回異。及公還朝，黎留鎭，步送至城外甕門。公令却回，黎手攀輿涕泣。既別，公謂部曲曰：「汝等知此淚何所從耶？幸吾去以當笑耳！」蓋他懾公威嚴故也（公行兵有法，戰未嘗敗）。

鄧德超　阮得

鄧德超家居京輔，有物望。遭西山之亂，賦詩以見志。賊聞之，求索頗峻。匿迹林藪，間關南投，遂逢興運。官至禮部尙書，贈少師（德超學問頗富，而孝友之聲聞）。

阮得（清化人）見僞岳猖獗，黎政日紊，數千里避地，航海依光，屢有戰功。後官至掌營。卒贈少保。此皆明於擇棲者也。

劉福祥

世祖高皇帝收復京師，擇一裨將從間道北去，掣賊肘，以逗其兵。劉福祥以典軍奉命，從手下數十人，假道蠻牢間，誘借牢兵數千下乂安，屯于香山之歸合。賊聞，合衆來拒。前後數十戰，屢破賊兵，殺獲無算。賊方調北方兵勇南赴，旅拒王師。至乂安，因祥爲梗，皆留禦戰。數月間，乂安上游，烽火不息。牢兵亦多傷亡，有怨言，將潰去。祥知之，乃爲歸計：凡所殺賊，結芭蕉爲桴，置屍其上，順流放之。賊船在下流，見桴近者輒以篙力擺去，慣以爲常。祥乃與手下自臥桴上放下。既近賊船，突起，躍過縱擊。賊出不意，不及措手，棄舟涉走。收獲數十艘，半焚之；留十一艘，整治篙檣：其十艘，縛草爲人；一艘，祥與手下乘坐，順流而下。賊素怵其威，但於兩岸遙射相望，退避不敢逼。祥暮至興元潮口昭徵神祠下，詣祠頂禮。召集耆老慰諭，以奉命進取乂安，可召工樂歌唱，爲我祈禱，立功報國。又言兵行威嚴，戒人民不得近江岸觀看，疑爲賊偵，或致俱焚。衆畏其威，不敢犯。祥乃將所設偶人船十艘，並張燭，中流放下，而已與手下一艘，暗從明良江道，直趨南界海門去。辛酉年九月初六日是也。迨旦，賊始覺，追之不及。祥他事一無可取，獨此可謂有機略者。乃知雲從龍、風從虎，不特將相大臣、腹心干城之多，即偏稗中材幹亦不少也（裨將如祥者當日正不少矣）。

黎文德

國朝文臣，如阮居貞、黎文德、阮登楷、阮公著皆號知兵。居貞似循規矩，登楷每多機權，黎與公著大略相似。但黎淡易渾好，著倜儻不拘，多圭角耳。

按：黎公以舉人出身，易歷朝郡，所至茂著聲績。明命年間，南有逆傀，北有逆雲煽變數年。公獨當一道，多奏捷功。賊畏其威，民慕其惠，聖祖稱爲國家名臣。又能容人恤衆，故多得死力以立功者。登楷亦似此而機權勝矣。二公官爵皆協辨大學士。所謂天生才以爲國家用，如此夫！

張明講

平城伯張明講清勤周愼，奮身爲國，不顧利害，有大臣風。故能以文臣（伯中舉人）立功業。國朝文臣，生當官至一品者，自平城始。位望旣崇，漸有避謗自全之意，遂致隳損。功名信難處也。

明命丁酉，愚按察廣義，伯來京貼覲，回遇留宿，謂愚曰：「鎭西會須分作數路。」愚云：「未審蠻人能心服否？」答曰：「若憑杖朝庭威德，何患不濟，今數路分治，人各專力，且互相維策，不愈於一身獨領兵權太重，又顧此失彼乎？」其後遂坐事徇參佐云。

阮春

官兵攻藩安日，諸部多有縱掠；惟新隆侯阮春名位素卑，部曲守法，所在人不知有本軍。春無他技能，而其心謙退端雅，有儒將風與同官商略，每自處卑下。所以能立功績者在此。

范有心

新慶伯范有心初從左將軍宋福樑至順巷。先是，平城伯與賊相持于六、七日。及左將軍至，問平城攻戰之宜。平城曰：「已定戰期須分水、步並進。」左將軍又以問范。范曰：「彼衆我寡，兵分則力單。不若萃其中軍，破其舟師，則步營自望風潰耳。」左將軍從之。既戰，自旦至巳，不能克。范乃詣平城，請分軍向陸。平城許之，而有勵色。纔至賊營，戰數合，左將先退，諸軍從之，兵遂潰。平城，獨後，力取范出乃去。范深畏服。及古洒之戰，左將病不能軍，惟平城在。范遂奮不顧身，卒以立功。

鄭懷德

平城伯言協辨大學士鄭艮齋（鄭懷德表字）器宇凝遠。嘗夜坐觀書，有二童侍側，相語瑣俗事。因角言，竟引出庭前共毆。頃之，復來故處。鄭安坐觀書，略不嗔詰也。

忠臣殉節

逆雲圍高平，援兵未至，力孤不支。布政裴增輝、按察范廷擢與領兵范文劉相誓以死。及城陷，三人各衣冠望拜。裴增輝、范文劉仰藥死。廷擢于廳前爲坎，自臥其中，令人築之。事聞，勅爲立祠，號「三中祠」（范獨蒙御賜「從容就義」四字）。

又有該隊楊廷質者爲賊所獲，設食不肯食。賊方圍高平，誘令呼城中使降。許之。至城下，乃大呼曰：「城中可固守，數日援兵當至，無憂也！」賊大怒，斷其舌而死。

小僕殉主

南圻兵變，河仙巡撫范文璧、按察陳文瑄既遇害。公有僕范文保，年十餘歲，陷賊中，與領兵范文祿謀燒賊火藥庫，竟爲所覺，亦罵賊而死。方賊猖獗，六省相繼失陷，官吏多奔竄；其一省同守死者，璧等三人而已。而璧之小僕亦知殉其主云。則其偷生降虜，如諒、平巡撫黃文權者可勝誅哉！

阮忠懋

昔人謂凡相人者，好于得失榮辱之際觀其動否，使知其器局之大小。明命壬辰，大學士黎登瀛、尚書阮忠懋、侍郎阮儻同在工部。因以奏事忤旨，上大怒，命洩出之。儻惴懼失措，忠懋少變色，惟黎公容止自若。後黎壽考福祿爲最，忠懋次之，儻終平順協鎮。

忠懋字淡軒，喜怒不形於色。初，爲平定督學。其先墳，相者以爲吉。會有人新葬遮障入限者，族人欲申于官。忠懋寄〔書〕謂族人曰：「不犯壙塋便無妨。土地人所公共。此地不吉何吝，若吉也，豈吾家所得私之耶？」乃止。其與物無覚（競）類如此。

何巽甫

閣老尚書何巽甫（諱權）讀書數行俱下，作詩文援筆即成。愚嘗在何坐次。一日，適侍郎李文馥（舉人出身，素有才望）如東（廣東）來告別，索何贈詩。何把筆便寫云：

曾觀溟渤難為水，
吟到滄浪始是詩。
七度星槎三過粵，
十年京邸九分岐。
文章有命關陶冶，
歲月無情感盛衰。
滿眼江山休惜醉，
相看不復少年期。

詩成，終不改削，其敏捷類如此。

明命三年壬午，國朝初開進士科，何閣老以會元出身，久陪秘閣，甚承恩顧，亦奇遇也。惜年不甚永。視黎朝之申仁忠、杜潤，位不相及而蹟略相似。紹治癸卯又首得探花枚英俊。此二人，雖未及進大功業，而文章節行皆不忝科名矣。

枚英俊

清化石澗枚英俊（原世峻，奉御賜名英俊），故家子也。少以學行聞，溫雅寬和，不與物忤而家庭孝友，識者共推君子第一流人也。

登紹治癸卯科探花（年二十二），入侍禁近。受兩朝知遇而隨事進言，屢有裨益。

嗣德三年諒山有邊寇，兵民斃病者衆。公日念不能佐帝籌邊。適有司以如東派請。疏力辨之，且請專意於諒。天子大怒，因出爲諒山按察使。月餘，大有施設，屢薦戎功。

一日，與阮掌衞率師禦賊。賊敗，掌衞窮追。公繼至，止之；而阮已深入矣。虜伏四起，公乃與衆力戰，爲所傷（年三十七）。訃聞，帝震悼，贈翰林院掌院直學士（正三品），廕其子司務（勅禮部侯員子十八歲即錄用）。家有老母，錢帛粟優給之，令地官存問。

枚公才學足高一世之名，智勇足禦萬人之辨，勢力足奪三軍之帥。一旦當大事、臨大難而不易所守者，非仁義忠孝之大能之耶？京中僚友吊文有云：「景星、鳳凰，天下不常有之物。既獲見之而不久者，天乎！」蓋愛惜之深如此。枚公眞不愧魁科而克追前哲者矣！

阮登勳

禮部郎中石庵阮登勳，謙退寡欲，與人言如不出口，登明命己丑科正進士（山西人，庭元）。初爲奠磐府知府。吏民信愛，以召、杜稱之。一日，往訪鄰境昇平太守。有民訟田，方在對勘。彼此紛拏，互爭曲直。石庵以一言開諭，遂各拜謝求解（轄民立生祠祀之，今立宦賢祠）。及丁父喪，吏民餽送錢數百緡，皆不受。及居京職，舊轄民齎白金二十兩來贈。石庵固辭。強之，止受十兩。家中清約如寒士，而寸心瑩潔如玉壺。

卒後，臺官上章言之。聖祖御批云：「可惜伊生前無人提及。」命厚恤其家。又命中外臣工有廉勤完狀，聽其同官或上官及言官保奏無隱，蓋本於此。何芳澤（權之別號）以文哭之，曰：「良吏循聲，今之召、杜。」又曰：「知不能薦，雖悲何補？」蓋實事也。

武權

武權，良才春𨷑人，世家子也。端莊平淡，動遵禮法，鄉中舉人。及爲海陽督學二年，乞歸養。安貧守道，課子授徒，及門成達者衆。海陽署督鄧德瞻（德超長子）以其學行薦奏按察，武亦固辭。

朱謝軒

朱謝軒允徵東岸育秀進士（故黎進士）之子也。恬淡古雅，不尚華麗。事母孝，睦族和。學問該洽，文詞邃奧而不事科舉，專務淨修之學。其事業師立齋范先生左右服勤。及心喪三年如一日。年外二十（二十三）而鰥，義不再娶。以典籍池樹爲娛，教育二男，講授門徒。雖家用蕭然而受辭一當於理。又爲醫以濟人，不問金償，惟思命活。鄉鄰服其誠，聞見慕其義。有稱爲「博雅君子」，有稱爲「禮度善人」。

（謝軒坐前有對聯者衆，如云：「布賢事業，思古襟懷。」類此。）

其處約而樂天者如此。年近七十。紹治元年，詔求遺逸。以疾辭徵。奉旨賜紅花羊酒以旌異之。國朝中興以來，所謂徵召者，不在斯人乎！七十壽，阮契甫（東作進士阮文理）賀文有云：

朱謝軒，隱君子流也。

紹詩禮之家；得藏修之學。

才高於世而不必聞；行過於人而不自足。

養之者純也。

又云：「謝軒豈樂爲高尚之士乎？行乎其素而已；廉潔無求之節，徵斯人其誰？」蓋其詞贊而事核者矣。謝軒，吾無得而間言。

黃文演

尚書黃文演，廉介寡合，敝床疏席，糲飯菜羹。在吏部日，有外官新轉，餽絹數匹，不受。其人再三勸之。黃大怒，令人斥去。常霖雨，廚爨不繼，從參知尊室帛貸粗米。帛送白米數升。黃曰：「本貸粗糲，今乃與此。我家從何得些米好還他？」遂却之，竟從他人貸粗米。

黎元忠

平定巡撫黎元忠，質直端厚，有古人風。與人交，見其過失必規諫之。其人稍回護即面斥其非，不少匿怨，人亦不怒。周人之急，隨在致力。

愚爲新平知府日，黎方協理嘉定城戶曹。遇鄉試，有二考官自北來。所帶從僕五人，至嘉定皆病。考官入場，留其僕在黎所。湯藥將養，其三人得愈，二人病甚，沉昏下痢。黎夜與一童，親自舉扶，爲更衣席，手灌湯粥。愚謂曰：「君不乏使？」黎曰：「我憐彼則自爲之。他人何預痛癢？縱勉強從我使，亦苟且耳」。其不遺微賤如此（愚作黎墓志，中亦述其事，令其子知之）。黎嘗布政廣義，後在平順，以事被徵，月餘，愚道過廣義，吏民往往寄問，皆爲垂淚云。

潘伯達

潘伯達（壬午科進士）廉介儉素。身爲卿士，又涖南定財賦之地（以刑部尚書調南定總督）而舍內蕭然，妻子不免饑寒。然疾惡太甚，頗涉刻核，不喜人款曲，卒以此誤（坐革）。李若谷戒門人以清、勤、和、緩。能兼此四者，難矣哉！

阮成文

逆僞既據藩安城，有阮成文者，自云乂安人，自少流落南圻，徑至蔡公朝所（公朝此次已降賊）。公朝初未相識也，以儒生延之坐。語次，以義誚責，公朝愧謝，遂相定謀。文往定祥招集義勇，助朝反正。朝（最是勇力人）戰，爲逆僞所敗，退至新繡江。僞黨歲截其後路。文以計賺歲，手刃殺之。賊黨潰。朝乃得免。後爲該隊，棄官去。

杜廷五

杜廷五有孝行。母病篤，寢食俱廢。病稍減，喜樂於色。居母喪廬墓之年，惟食蔬菜。喪畢，乃復。勇力過人，性頗磊落。家貧。後遂耐饑，亦善食。嘗赴京過瀾滄逆旅，令店主備十人之餐，食之盡。復行六、七日，至京乃食。後中武舉，授該隊。

會真編

陳益源　校點

會眞編出版說明

會眞編爲越南仙傳之作，分乾坤兩卷，乾卷爲男仙，計十三傳；坤卷女仙，計十二傳。刊本藏越南社會科學院胡志明市（西貢）分院圖書館。原書版框高二三・五公分，寬十五公分，雙框，外粗內細，正文半頁八行，行二十四字。揷圖甚多且極精美，爲越南版刻之珍品，故除將正文標點排印外，又將原書全部製版印出。

此書扉頁署「龍飛庚戍（戌）年孟夏重鐫會眞編」，並記「玉山祠藏版」、「共貳拾捌片」。據清和子引庚戍當爲紹治十年（一八五〇）。玉山祠在河內。重刊序署「龍飛辛亥年重九前六日書成，乩于多牛阮櫃君之桃庄，柳山人降乩序」。則此序成於刻書之次年（一八五一）。柳山人者即柳仙，「重刊序」文後所附之詩所謂「東方生卯木」是也。按坤集首「崇山聖母」傳，謂「聖母號柳杏元君」，則柳山人爲其化名歟？是則此書之序，爲柳吉元君降乩之作。

「重刊序」後，有引，「紹治七年五月端午日，清和子焚香於太極湖北之無妄軒」。紹治十年五月禱午爲一八四七年六月十七日，太極湖在河內，清和子除寫此序外，又於乾卷坤卷前署「清和子敬約」，此外二卷前又有「桂軒子參閱」字樣。此兩人之生平無考。按「乾卷・鹿角眞人」中謂「范東野公撰高平山神祠記文，有『拽角鹿仙』之句，記其實也。」「坤卷・崇山聖母」「經痛葛至崇山顯跡」句下有雙行夾註曰：「按三月初三乃聖母歸而復降之日，故東野先生撰歸神降神同日白文者以此」❶ 東野爲范廷琥（一七六六—一八三二）之號，范廷琥與阮案

（一七〇—一八一五）合撰桑滄偶錄一書，已收入本叢刊第一輯第七册中。會眞編言及東野事，其作者則應爲同時代或稍後之人。

此書之「重刊序」及「引」，皆言及雞窗綴拾一書，正文及註亦多次提及，知雞窗綴拾爲越南仙傳最早滙編，淸和子引謂其「篇中有記其事而闕其名，有詳其人而遺其姓，生代年辰旣無可考，形神相貌，亦皆失傳。」因此重編會眞編。此書「從雞窗中再詳其事，狀繁則省之，闕則補之，於每位之下描繪其像，係之以詩。」今雞窗掇拾已佚，然自會眞編中，仍可觀其大略。此書採錄，除前引范東野著述外，又有吳洪錫（一七二二—？）之著述。又採用阮嶼傳奇漫錄故事多處，皆可參看，大致綴拾諸書及民間傳說以成篇者。

越裔張庭槐曾以此書爲博士論文，並於法國遠東學院出版，可供參考。❷

附註

❶ 按下又謂「明命年間東野范先生撰奉事一聯云：紫極降神，雲葛春秋標祀典；閻浮顯聖，日南今古仰英聲。」下文註云：「此句見日用必需。」

❷ TRUONG DINH-HOE, LES IMMORTELS VIÊTNAMIENS D'APRÈS LE HÔI CHÂN BIÊN, ÉTUDE ET TRADUCTION FRANÇAISE ANNOTÉE, PARIS E.F.E.O., 1988.

重刊序

嗟乎，至道之精，幻幻冥冥；至道之極，昏昏默默。然窮其理而推之，探其迹而詳之，要不外乎一陰一陽之謂道也。

我炎郊龍仙孕國，自鴻貉迄今，超類聖神，英靈神女，接踵而出，應期而生，赫赫在人耳目，津津傳人口吻。上下幾千餘年，不可枚舉。然而非盛不傳，非美不彰，不載於國史，不編於野史，即古人之功德韻事，不幾與山河共桑滄乎？不幾與凡庸共湮沒乎？鷄窗、會眞之作，良有以也。此其間，或現在事跡，或逸攷世次，或編紀訛傳，或殘缺失實，亦安得不深入想像，孤人企慕也哉。

今諸君子，孜孜集善，訪求本國最靈最秀眞人品，使南山良玉，不墜深淵；南海明珠，不沉水底。其心關白日，福菓河沙，上陽列位，上陰列位，冥冥中默鑒其丹府矣。更願廣而訪求焉，得而續編焉。庶幾哉外人覩此編，聳然我國神靈，凛然我國雄傑，或可挽風會於將來，振頹波於既倒，則勿謂陳跡無憑，空言何補也。幸甚，幸甚。

東方生卯木，聞命降禪林；雲翼仙仙筆，星陳聖聖心。法花參覺海，佛菓結觀音；千古陰陽鏡，焜煌字字金。

龍飛辛亥年重九前六日書成。

乩於多牛阮櫝君之桃莊，柳山人降乩序。

會眞編

引

或問：「鷄窗綴拾一篇，眞既會矣，而又別之曰會眞，不幾於疊床架屋歟？」曰：「不然。是編特爲奉眞者設耳！」

夫我國列眞，散見於野史久矣，而向來落落，未有以會之。其綴拾於鷄窗，猶之始會也。篇中有記其事而闕其名，有詳其人而遺其姓。生化年辰，既無可考；形神相貌，亦皆失傳。縱有志於丹青，將何從而彀法之也。

噫！鴻爪悠悠，鶴音渺渺，古今耳目，能無憾焉！此會眞之所以重編，而床屋亦不厭其疊架也。

今聖朝啓運，至道方明，世之有志於道者，或求其書而刊布之，或因古館而崇修之，又或卜新庵而敬祀之，蓋不一而足，其眞教將興之會歟！於是從鷄窗中再詳敍次，其於事狀，繁則省之，闕則補之，於每位之下描繪其像，係之以詩。庶乎奉之者，瞻依眞範；覯之者，感發眞機。於以反刓剗僞，復樸回淳，德一風同，眞元其會，則是編也未必非少補云。

敬綴數言，寘之編首。若夫耳目所限，有未至處，將就有道而正焉。

旨

紹治七年五月端午日

清和子焚香書於太極湖北之無妄軒

會眞編

乾卷

褚道祖

清和子　敬約桂軒子　參閱

祖褚舍人，少孤貧，性至孝。（孝事詳雞窗綴拾，又見下詩。）中間配雄王女僊容公主，遊義安海外。至瓊圃山，遇異人佛光傳道，遂與主雲遊，過丹涯海門之東（丹涯卽今會統。）登洙山嶺。一日，歸至夜澤處，天向暮，乃揷杖覆笠，化一大城廓，兵馬喧闐。事聞，雄王知作亂，將討之，至夜半，風大作，城廓並舉，其地一空。今一夜澤自然洲是遺跡也。至趙越王拒梁時。設壇於澤中禱之。祖乃乘黃龍下空，脫龍爪授王。王凱還，遂於澤中龜阜上，建祠奉之。（按道祖生化日未詳，今多禾及諸邑遞年並以二月、八月初五日迎神，不知有所據否？）黎至今登祀典。

後人題詩云：

自甘無褐孝於親，隨遇安貧不有身；竹索木刀時作伴，沙洲水國日相隣。
仙舟邂逅奇機會，瓊島圓成勝果因；道在天南先作祖，緣來一念可通神。

壓浪眞人

姓羅，名援，雄王時道士。王南征至神符海門，阻風月餘。王齋戒，命公前行，海波遂息。凱還跡之，已僊去矣。詔封壓浪眞人，祠於神符海口。古詩有句云：「羅援輕乘壓浪舟，」賦其事也。後人過神符，有懷感一絕，詩云：

萬里乘風一葉舟，鯨鯢靜盡壯貔貅；自從鶴去龍歸後，依舊波濤鎮日流。

符契元眞人

姓陶，名天活。屬唐時，入中國爲昊天館道士，自號曰符契元。有德行法術，奉道者多歸之。三十餘載始歸國，故舊皆無存者。

時果未熟，有鄰里小兒攀緣探之。眞人護惜咄嗟，作大怒色。旁道流止之曰：「熟與未熟，同歸摘拾，何苦掛意也？」乃相攜飄然去。蓋眞人道成而遊戲也。

後嘗居條山煉藥。尋入京，詣開化坊訪友馬尚書總方，因與韓侍郎對弈，留連竟日，神色不變。馬、韓皆異之，而不知其已僊矣。

後人題詩云：

故園樹果正初成，戲怒攀童大色聲；摘拾點醒株畔語，青黃意外悟浮生。

通玄眞人

李時人，號通玄，與僧阮覺海齊名。仁皇早年兩耳得怪□，百方不止，詔眞人與覺海同赴蓮花殿涼石上侍。眞人奉命，先咒之，左一耳愈。帝笑曰：「留一片與沙門乎？」覺海咒，右耳亦愈。帝異之，命設齋宴。宴罷，眞人拜辭而出，倏不知所之。

帝乃賦詩一絕云：「覺海心如海，通玄道又玄；神通能變化，一佛一神僊。」後人題詩云：

一仙一釋簡宸知，咒罷蓮花獨謝歸；步步雲端閒笑語，玄機弄了任禪機。

玄雲眞人

至靈道士，號玄雲，常隱居鰲山麗奇寺煉丹。陳裕皇□□□煉之法，賜所居號玄天崗。後不復聞。

後人遊至靈，訪眞人遺跡有懷，題詩云：

晴泊東津八月舟，乘風拾級上瀛洲；燒丹室倚山三面，洗藥池臨水六頭。
丁鶴未聞重立表，王笙安得再吹緱；陳宮一別天何遠，崗裏孤雲自去留。

那山眞人

叟名修那，陳昌符間得道。常居清化鎮（今寧平省。）那山，故號那山叟。終黎之世，或十年、或二十年，猶有遇之者。

明命年間，伊省人有見一叟，約百餘歲，背穹穹然，坐酒店，飲無量而不醉。人方喧傳，倏不之見，始知爲叟云。後人題詩云：

不知其幾春秋叟，二三十年時邂逅；九鼎已飛昌符灰，千鍾猶覆清化酒。
岳樓鶴聽浪吟聲，雲館猿窺牢睡趣；誰到那山那處尋，古今謾說那肥瘦。

黃山眞人

化州人，姓徐，諱式。陳順皇光泰中尹僊遊縣。時縣旁名刹設看花會，輪蹄翕集。牡丹花下，有一少艾，戲攀數花枝，其朵偶落，爲護花人所繫。徐適過此，解所衣裘贖而遺之。

徐素好山水，尋解綬去。遊宋山，經峩山，偶至碧桃崗，石立如壁。詩成，手欲題之，崗忽開，見一童延之入。徐問故，童具述，始知前所遇者乃僊子，號絳香也。尋得道，遺跡今存，其崗故名徐式崗。

未幾，出崗，入農貢縣黃山，不知所終。世常稱之曰：黃山羽客。後人題詩云：

暮栽花罷曉成春，不意中逢分外眞；解綬解裘還解俗，遊山遊水忽遊神。

千秋奇話清泉錄，萬古高風碧峝賓；石掩扃從雲去後，化州多少問玄津。

道根眞人

陳朝至靈縣人。公俗姓陳，名道根，能辟穀。嘗爲人醮，以紙蒙面沒入水，少頃得出，身無濕痕。一說云：此得三洞妙法地僊品也。後如萬寧，世罕得見之者。後人題詩云：

雲待東溟駕已排，臨流故洗羽翰來；不然一路清都上，徹底無容半點埃。

道庵主人

道主乃天僊降世，自號天南峝王，別號道庵主人，爲前黎第四帝太宗次子也。光淑吳太后誕時，夢上帝賜玉女配，即長樂皇后；又賚一良弼，即梁狀元。

道主生知而好學，自藩封承大統，年號光順，改洪德，太平、制度爲之一新。常稱爲騷壇元帥，選文臣充騷壇二十八宿之數，與之唱和。宸文睿藻，超卓前代。申仁忠等所作天南餘暇集成，主題其集首云：「火鼠千端布，冰蠶五色絲；更求無敵手，裁作袞龍衣。」及所自作詩有「瓊島夢殘春萬頃，寒江詩落月三更」之句。申、陶二公奉評云：「李、杜復生，亦莫能過。」非溢美也。其留筆詩云：「五十年華七尺軀，剛腸如鐵却成柔」、「風吹窗外黃花謝，露浥庭前綠柳瘤」、

「碧漢望窮雲杳杳，黃粱夢醒夜悠悠」、「蓬萊山上音容斷，冰玉斷魂入夢無」，皆膾炙人口。所著有瓊苑九歌、古心百詠、春雲詩集、古今宮詞傳世。丙辰年十一月三十日僊化，所佩神劍神符俱不見，蓋皆僊去云。塵齡五十八，廟號聖宗。或言夢中主奉命隆塵，嫌南邦地狹，上帝益以占城，故其後開拓順廣，闢地千里，是其驗云。（平定省母子山磨崖硏，今存。）後人讚曰：

三八乾坤，春雲妙化；包朗一都，華胥四野。
鼓吹李陳，笙歌虞夏；李杜清光，歐蘇純雅。
山泛周車，海閒漢駕；瓊島夢回，蓬壺笑破。
世局丹青，古心土苴；玉唾依稀，天南餘暇。

安國眞人

姓陳，名淵，盛光村人。（盛光，今改善光。）先考沒，家貧，尋於碧溝坊（今安宅村。）金龜堆築書室居焉。

後遊玉壺寺，遇一女著紅衣過之，倏不見。公知爲神僊戲，拂袖歸。自是讀書之暇，每以可遇難求爲念。忽一日降庭，狀如前無異。公拜叩之。曰：「我乃霞絳嬌，南岳僊姝也。君有道緣，可傳丹訣，故奉命來助耳。」公遂喜而學焉。

三年道成，二白鶴啣書而下，公與夫人及元子珍，（其子乃公所化非俗產也。）白日昇舉，人見而異之，即居宅立祠，時二月初四日也。黎聖皇禱之。平占還，詔封「安國」二字。後嘗降筆賜藥以度人云。後人題詩云：

龜山鳳水逈仙塵，笑殺紅霞筆未真；認得同車雲上友，方知從駕鏡中人。

鹿角眞人

公高平府人，逸姓字。家貧，業採薪。性至孝。母嗜鹿乳，公無以供，嘗入山號泣。忽遇一老人曰：「欲得鹿乳，可蒙鹿皮。」乃具一副與之。公如命不輟。一日，老人來，嘉其孝，授以僊術而秘之。母沒後，入山不返。子尋之，見一鹿作人言，囑子曰：「既變形，不可復。今賜一角，繫而拽之，至角掛處瘞焉，可以足食。」乃搖頭脫之，倏不見。子如教，家果豐。地方至今猶能道其事。范東野公撰高平山神祠記，文有「拽角鹿僊」之句，紀其寔也。後人題詩云：

乳殘玉露得金漿，孝念無端格上蒼；山客至今傳美話，裘隨雲去角猶香。

鴻山眞人

姓范，諱員，黎朝侍郎公質之子也。東城安排人，號鴻山逸叟。性豪邁，善詩酒，脩然有出塵之志。演州山水，足跡殆遍。

後遇一叟，睛有黑光，對日不瞬。公知爲異人，拜問之再四。叟曰：「吾家珥河之北，來此採藥耳！他日過訪於榕樹旁，以申老呼之，當與一話。」公拜而識之。

數歲後，如長安，（卽昇龍。）因訪友過河而北見老榕樹婆娑。欲到時，叟忽於背後莞然曰：「君何遲耶？吾候之久矣！」即以一杖扒石，見樹底圓窟尺許。攜而入，見石潭上有一小庵。叟與烹火，從容曰：「山中無所有，惟古書一囊遺懷耳！」范發而誦之，覺塵骨舒爽。居數月，叟語之曰：「垂白在堂，君且歸去。他日於紫虛崗見之。」乃授黃庭一卷，送之出門。范由是得法，神妙莫測。

同縣權中阮興翰，素與公善。翰少穎悟，以神童稱，性疎野，有酒量，每酣飲，與之撫劍而歌，或聚猛虎爲戲，或相攜登山臨水，惟袖中數卷共談，時莫有見焉。

後平浪有樵於鴻山者，見一人跨青驢，自天而下。叩之，曰：「姓范。」問所居，笑而不答。惟在石上觀書，俄頃騰空而去。大興門茶店，有擡夫坐此，見一叟吃茶而囊澀，店主苦索之。擡夫代之償其價，叟感謝，問何業？其人曰：「業賣藍葉，今天旱草枯，無計矣！」叟曰：「我見一處藍茂甚，能從我採否？」其人喜從之，至則果然。叟出家童數十，各採一擡，助之擡至京，分付其人而去。

清池黃梅，酒家女，年少。一日晨出沽酒，遇一叟曰：「汝欲厚價，可從我去。」女曰：「唯。」尾之行。至其處，則二家有婚事而酒歇，人爭買之，價十倍。女問地名，土人曰：「清華安朗營也。」及暮，叟引之還，至黃梅，月初出。女道其故，父母即具禮，望空拜之。俄於案上得一片紙，有句云：「草生氾上吾家。」始知爲眞人云。

清漳維紳，有姓杜者，好風水，遇諸途。范曰：「子術未妙，吾得楊公法著書久矣！子能從遊乎？」杜欲叩，輒止之曰：「今有龍吟之行，五日後，當尋吾於鴻嶺第一峰下。」杜如期而往見之，終宵對話，皆語關風水。明日，指堪輿圖以告，因言：「吉地，造物所珍，不可挾私妄覬干冒山靈。古云：『穴在人心不在山。』子其念之。」杜一一拜受。（杜後以偷葬東烈山，冒禁。臨刑，始悔不守眞人之戒。）

時積甫初霽，范曰：「天氣清涼，佳酒助興可也。」頃有二人，荷冠辟服，一姓陶，一姓粱，鬚眉半白，各乘白羊而至。既延入，隨有頂儒巾者，杖藜而來。三人相顧曰：「權中阮神童至矣！」揖而坐。杜亦與席。范出酴釀釀，用椰子杯迭酌。粱曰：「我輩盤桓林壑，今遇騷壇老手，又雨後景色鮮泱，可無言以記之乎？」即命賦山中雨後。范先吟，次陶，次阮，又次杜。惟粱集古一律，舉座稱豪逸（事實及詩，詳見吳公洪錫所載傳。）因扣盤而歌。陶曰：「今日暢飲，少敘暌離。來日南溟之遊，諸兄無惜沉醉。」皆曰：「諾。」晚各東西去。杜歸，嘗以事語知者。

黎景興年間，眞人嘗至富市阮進士家。一日，變容乘紅馬，二白犬尾之，過其門。問閽者曰：「汝師在否？」閽未及對，眞人遽出。時阮公方睡，閽入告。公即起，命紙筆，書曰：「不侯不伯不公卿，不語誰知甚姓名；瘦駢一鞍閒轡策，肥驢雙佩戛瓢鈴。」（此詩原用國音，云：「極報名點埃別兜，極卿極相極公侯；馭瘨叏乃跂秵轡，往膝堆猑踴樂瓢。」）眞人行約未半里，阮公命僕奉詩，急走遞呈，且邀再駕。僕迫及之，眞人在馬上覽之，笑曰：「汝師未離乎肥瘦之間，的是訥漢。去肥瘦，作紅白，始佳。我改幾字，汝歸以告，今有事且去，他日再訪可也。」言訖，不知所在。後嘗化一叟，自號呆鄉貢，與諸監生遊，作國語僻居寧體賦，人爭誦之，今登梓。黃公五福

所得兵書，亦眞人授也。眞人多奇異，事詳鷄窗綴拾。後但題

詩云：

東城道脈仰冠紳，自出塵來便脫塵；海上桃筵爐授乙，江邊榕樹訣承申。
綠藍黃蘖慈風古，紅馬青驢韻事新；蹤跡如今何處是，鴻山九十九峰春。

成道眞人

公少領鄉薦，僞西時，厭舉業，走江湖。遇鴻嶺范眞人，從之。名山大川，足跡殆遍。一日，與同輩二人，隨眞人入海，洪濤怒浪中，修道一線，屈曲如羊腸。過一山，樹木蓊蔚，桃實大於斗。眞人傾壺小憩，人賜桃數枚，戒無懷核，從者諾。酒闌，眞人行，公後。幸眞人弗覺，置之懷。紆回半日，不得路。意懷中核故，探投之，出山。眞人在前途，坐酌。笑曰：「來何？」遲出秘錄授之，攜從者飄然去。公返，放浪山水間；自號成道子。

時有一人得心病，符藥久不效，公訪而治之。其人問禮（理），公曰：「無他。屋脊鬼刺病人心爾！今懸一蟾蜍嚇之可也。」其人依言，病愈，厚謝之，公不受而去。尋登收精山，秉燭入谷，燭滅失去路，嘯谷中石髓得不餒。久之，出谷，幾二載矣。後不知所終。後人題

詩云：

桃杯醉醒海中仙，秘錄發端得別傳；一自收精嘗石髓，蟾蜍不復為人懸。

會眞編

坤卷

清和子　敬約　桂軒子　參閱

崇山聖母

聖母號柳杏元君，爲第二宮僊主玉帝次女也。黎神皇永祚年間，八月望夜，（本國諸奉處，於此日俱無慶祝者，蓋未考耳。今當依日致敬為妥。）降生天本雲葛安泰村黎姓之家。夫人自懷胎至此，病似祟，治無效，將誕時，有一道人來爲之登壇行法，把玉斧一擲，倏不見，已而誕焉。是夜，異香祥光滿室，因名之曰降僊。尋爲陳門義養，此降塵初度也。及長，容德絕代，琴瑟既諧，年二十有一而化，時玄皇景治年間，三月初三日也。玉帝以謫期未滿，準再降爲福神，受人間供養，仍賜桂、柿二僊從駕。（今崇山祠有事，惟左右二位顯應，蓋母既升天故也。）母即日拜命而行，眞指清化地方，經廟負，至崇山顯跡。（按三月初三乃聖母歸升復降之日，范東野先生撰歸神降神同日白文者以此。）

母既下山，上童示號上人，由是依山廟焉。其本邑安泰祠，亦始於此間者。愚俗以女神多弗遜，母不獲已，顯大威靈，其英聲較宋后、徵王百倍。此降塵後度也。鄭帥聞之，疑爲妖，請命飭法得高者制之，不得。朝臣有知爲母顯聖，奏乞封贈修祠宇，詔可。此土遂安。嗣是，四方芹曝無虛日。

厥後，母嘗經遊北河諸勝，隱見往來。人或有見之者，如高山輞日。（高平牧馬山祠，今存。）美沼浴雲，（不拔富美邑祠，今存。）及白衣晚，化試豪郡之法門；（唐豪易使古廟，今存。）隻棹宵來，度瀘江之善士。（白鶴縣瀘江右，田事詳雜窗綴拾。）其神通遊戲，類多如此。累朝有戎事，恆致禱焉，功成進王爵。（其前後所封美字，已詳諸祠敕中，今不載。）有黎以來，經過祠前，自一品官以下，莫不俯首鞠躬而屏息焉。數百年間，禍福不一，靈聲旣著，慈德亦宣，人皆稱爲聖母。

黎末有一散官，年外八十，有德行，夢見天下喧傳聖母整裝上朝，有二千玉女奉帝命，具旌旗車蓋，分兩道迎之，樂音振天，仰瞻乃覺，時二月廿二日也。官常以夢語人，識者曰：「謫滿升天之期也。」西亡，至今祠滿國內，諸禪寺亦造像奉焉。

明命年間，東野范先生撰奉事一聯，云：「紫極降神，雲葛春秋標祀典；閻浮顯聖，日南今古仰英聲。」（此句見日用必需。）又別撰一聯恭進於劒湖祠，云：「成物如地，生物如天，陶鎔物類，如大造之難得名言，歷代爽華昭懿鑠；出世爲僊，降世爲佛，普度世人，爲慈母之憫斯翼子，萬方芹曝樂尊親。」或曰：「此四十六字，方見聖母本來面目。」蓋母乃三千大千世界之母，非只一界母也。（後有人榜是聯，奉于崇山祠，今存。）

又我國牡丹，惟崇山一株，花極紅大，母素愛之。故凡祈禱者，必用色紙，作牡丹花一枝爲禮，蓋亦從先生之教云。後人題詩云：

萬古慈雲徧大千，人空疑佛又疑仙；崇山乍解威靈朝，葛水俄撐濟度船。
環佩香飄銀桂地，曝芹夢遠玉丹天；微風懿德光穹壤，莫道傳奇筆倒顛。

僊容公主

公主，雄王愛女也。時年少，將擇配，誓不肯，王亦聽之。性喜遊山水，後與褚公渡義安海，至洙山，結庵修道。道成，並於夜澤昇舉。時諸邑建廟奉者，凡七十有二。歷代至陳，香火愈盛。黎太祖在藍山晦跡時，阮公薦等獲見之者，主所教也。（此事略見雜窗綴拾，詳在別錄。）黎以來，國致祭壽昌東河祠，時有顯應。

嘉隆年間旁近夜遇火者，常於祠樓上，現一白衣人，屏之患息。祠至今滿宇內。後人題詩云：

海外鸞車返澤林，誰知玉闕待綸香：秦簫遊戲何年夢，半晌樓臺醒古今。

長樂元妃

元妃，天宮玉女也。黎太和間，光淑太后夢上帝命配道主。（即聖宗。）嗣而降生濟文阮侯宗人家，自幼不語。年十七八，沒入教坊，人以爲啞，事按拍而已。曁聖宗立，累求未獲。一日，官宴奏樂，元妃預其列，忽執拍而歌，其聲妙絕。上異之，召見，容止非凡，與夢無異，遂納之，是爲長樂皇后。後人題詩云：

香車自別紫雲城，十八年中始一聲；意者知音猶未遇，不妨絕調擱瑤笙。

刈禾少女

西蓟縣(今東安。)東杲邑農家子也,年約十五六。僊主與道祖飛昇時,天已曉,女方刈禾,仰見之,即捨禾而從之僊去。遠近喧傳,家鄉未之信。後有祠子,(俗號丐厭。)女所常服者,飛至家,鄉人見之驚異,遂立祠奉焉。(今東杲邑祠中奉道祖,左仙容,右仙女是也。)後人題詩云:

早擲腰鐮擁羽輪,雲泥頃刻聳青春。休將白地疑丹府,瓜豆多生積善因。

玉僊僊主

玉僊,不知何許人。延慶府(今廣南。)虬牢山,山下有潭通海。陳、黎以前,其地屬占城,時間有異木一株,浮海至此,雲氣蓋其上,衆以爲異,挽之不動。占王子試拽之,即上岸,於是命移入城,香氣大馥。

忽月夕,有一美女至此盤桓,體光如玉,因號玉僊。事聞,占王具禮迎之,爲太子配。數年,生男女各一。已而,自言謫滿將去,命工即山間建塔,用前木作像,四安於塔,付土人奉之,遂同昇舉。塔中祭器,皆眞金銀,衆不敢犯。山潭間鱷魚惡獸甚多,未嘗爲人物害。祈禱稔應,至今猶然。

黎景興丁亥間,有勅免奉事民徭役。後人題

詩云：

異株何日結香雲，換盡腥膻作苾芬；妙色不隨陵谷變，虬山邱聖海蛟神。

絳香僊子

崀山碧桃崗僊，號絳香，昔於村寺攀花被難時，乃僊子遊戲以試人也。後徐公遊山，偶至崗遇之，遂得道。事見徐眞人傳。阮公漫錄載僊婚事，設辭也，不可信。後人題詩云：

桃崗閒雲掩石扉，戲首花去捕花歸；縱然青眼未能解，究竟紅塵安可糜。

絳嬌僊子

南岳僊也，號僊絳嬌。常著紅衣，手白羽扇，遊玉壺寺。陳眞人遇之，倏不見，尋降其家，助行丹道，道成並昇。事詳碧溝道館錄。後人題詩云：

廣德陰功格大環，故承玉旨賚金丹；不然驂向蓬瀛去，何必龜山鳳水間。

出水二仙

奇華縣盤度山，山下有潭水清冽，土人常見二娘，從潭中出，或沐浴，或遊戲，頃復入焉。

黎聖皇南征過此，詩有句云：「水仙潭上煙霞古」，蓋指此也。後人題詩云：

日月壺中托羽儀，芳名並入聖君詩；棲雲未謝鮫宮去，正俟桃香報玉池。

陪輦僊娘

黎洪德年間，一女僊過玉壺寺。時聖宗遊幸，還至此，遇之，命陪御輦。回至大興門，女騰空而去。即命於門上建樓，名望僊，以寄慨焉。後人題詩云：

何處飛來忽飛去，九重未及交一語；車迴只建望仙樓，樓上幾時延鶴御。

製衣僊子

碧桃嵛有一女僊，黎中興初，常爲人間製衣，綾羅布帛，無所不可，其長短尺寸，各隨所願。屆期，具香酒至，衣已在洞口矣。後事泄，遂絕。至今舟船過山下，常聞歌管音，人聲動，即止。後人題詩云：

綺羅無用玉壺中，度世隨緣一線工；詎向人間誇絕技，婆心正擬覆蒼穹。

賞會雙僊

黎景興初年，帝嘗於城南金甌湖上，（湖今屬永昌村。）開勝會，百戲具焉。四方士女，觀者如堵。帝悅，忽謂左右曰：「我會中有僊降，汝等知否？」左右矚之良久，奏：「臣愚，弗能曉。」帝笑而指之，曰：「二紅衣憑肩而立者是也。」言訖，二者即騰雲而上，人皆異之。會清，命即其地建寺，號僊跡，以誌奇云。後人題詩云：

南海樂清平，下雲看勝會；龍麟笑一場，鸞鳳翔雙蓋。
佩影謝金甌，鞋痕留玉刹；滄桑局幾經，猶且傳奇話。

題詩僊女

黎朝景興中，有一女僊遊西湖鎮國寺，（今改鎮北。）手題壁上，詩首句云：「五百年前此地遊，白蘋紅蓼滿江洲。」時進士吳公福臨過此，親見之，倏不知所在。後人題詩云：

西渚何年戲夢場，筆端喚醒幾桑滄；松風別後桃花浪，古刹時聞翰墨香。

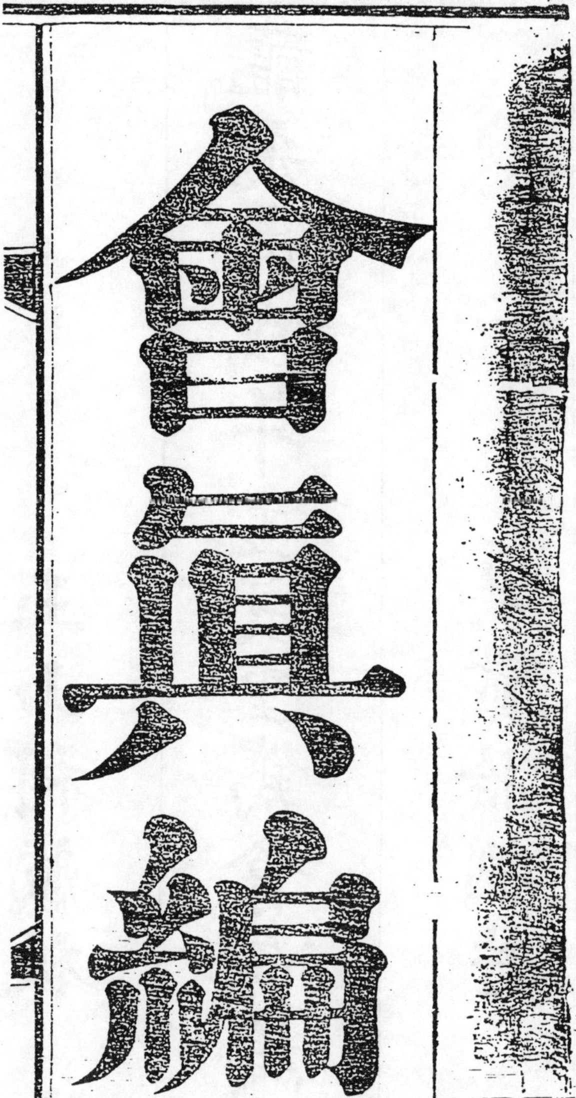
會眞編

玉山祠藏板

龍飛庚戌年孟夏重鐫會眞編

共貳拾捌片

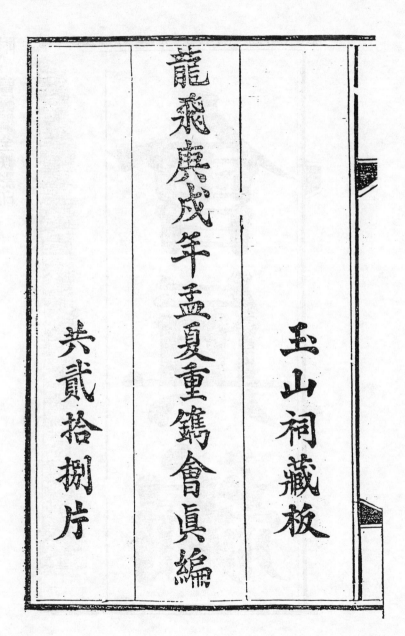

重刊序

嗟乎。至道之精幻幻冥冥。至道之極。昏昏默默。無窮其理而推之。探其迹而詳之。要不外乎一陰一陽之謂道也。我炎郊龍仙孕國。自鴻龐迄今。超類聖神。英靈神女。接踵而出。應期而生。赫赫在人耳目。津津傳人口吻。上下幾千餘年。不可放卓。然而非盛不傳。非美不彰。不載于國史。不編于野史。即古人之功德韻事。不幾與山河共桑滄乎。不幾與凡庸共湮沒乎。雞窗會員之作。良有以也。此其間。或現在事跡。或遐孜世次。或編紀訛傳。或殘缺失實。亦安得不深人想像張人企慕也哉。今諸君子。孜孜集善。訪求本國最靈最秀眞人品使南山良玉不墜深淵南海明珠不沉水底其心闢白日福菓河沙上陽列位上陰列位冥冥中默鑒其丹府矣更願廣而訪求焉得而續編焉庶幾哉外人覩此編聳然我國神靈凛然我國雄傑或可挽風會於將來振頹波於既倒則勿謂陳跡無憑空言何補也

幸甚幸甚。
東方生卯木。聞命降禪林。雲翼仙仙筆。星陳聖
聖心。法花參覺海。佛菓結觀音。千古陰陽鏡。焜
煌字字金。
龍飛辛亥年。重九前六日。書成。
乩于多牛阮櫃君之桃庄。榔山人降乩序。

會眞編

引

或問雞窗綴拾一篇眞既會矣而又别之曰會眞不幾於疊床架屋歟曰否否是編特爲搴眞者設耳夫我國列眞散見於野史久矣而向來落落未有以會之其綴拾於雞窗猶之始會也篇中有記其事而闕其名有詳其人而遺其姓生化年辰既無可考形神相貌亦皆失傳縱有志于丹青將何

從而敎法之也噫鴻爪悠悠鶴音渺渺古今耳目能無憾焉此會真之所以重編而床屋亦不厭其疊架也今

聖朝啟運至道方明世之有志于道者孰不求其書而刊布之或因古館而崇修之或卜新庵而敬祀之蓋不一而足其真教將與之會數於是從鷄窻中再詳叙次其於事狀繁則省之闕則補之於每位之下描繪其像係之以詩庶乎奉之者瞻依真

範觀之者咸發真機於以反訛勦偽復樸回淳德一風同真元其會則是編也未必非少補云敬綴數言眞之編首若夫耳目所限有未至處將就有道而正焉　旹

紹治七年五月端午日　　清和子焚香書於太極湖北之無妄軒

會真編目次

乾卷

成道真人

坤卷

崇山聖母
長樂元妃
玉僊僊主
絳嬌僊子
陪輦僊娘
賞會雙僊

僊容公主
刈禾少女
絳香僊子
出水二僊
製衣僊子
題詩僊女

右繪圖各一

終

會真編　　　　　　　　　　　　　　　　清和子　敬錄

乾卷　　　　　　　　　　　　　　　　　桂軒子　參閱

禱道祖

祖師合人。少敢貪。性至孝。孝事詳鎬窓綴中聞西遊王文卿春

公主。遊又要海外。至琉璃國山。拾又見下詩遇異人。備究傳道。遂遇三豐遂過

丹崖海郎之東。丹崖即今會統登琅山。得道處之一。日鼓苦修。度

天向春乃捕杖覆登己。一大城。陰陽。事聞。王乘作亂。

將討之。主夜坐戚大作。三城聲其地。一室。今一夜。會餘

是遺跡也。至趙藏王指源降。誕靈於潭中。為之祖。乃乘青龍下空。殿龍爪授王。王覬還。遂於潭中龍窟上建祠奉之。按道祖生化日未詳今多不及諸邑迎年並以二月八月初五日迎神不知有所據否叢至今登祀無數人題詩云

自古無稽差於親　陰過安貧不有身
竹寨大刀時作伴　沙洲水國日相鄰
銀舟遇返百幾會　瓊島曾成勝果因
道在天南先作祖　緣來一念可通神

四圖如左·　一至孝動天圖　一奇因特地圖
一夜澤昇天圖　一降龍授爪圖

會眞編　乾卷　諸道祖　六

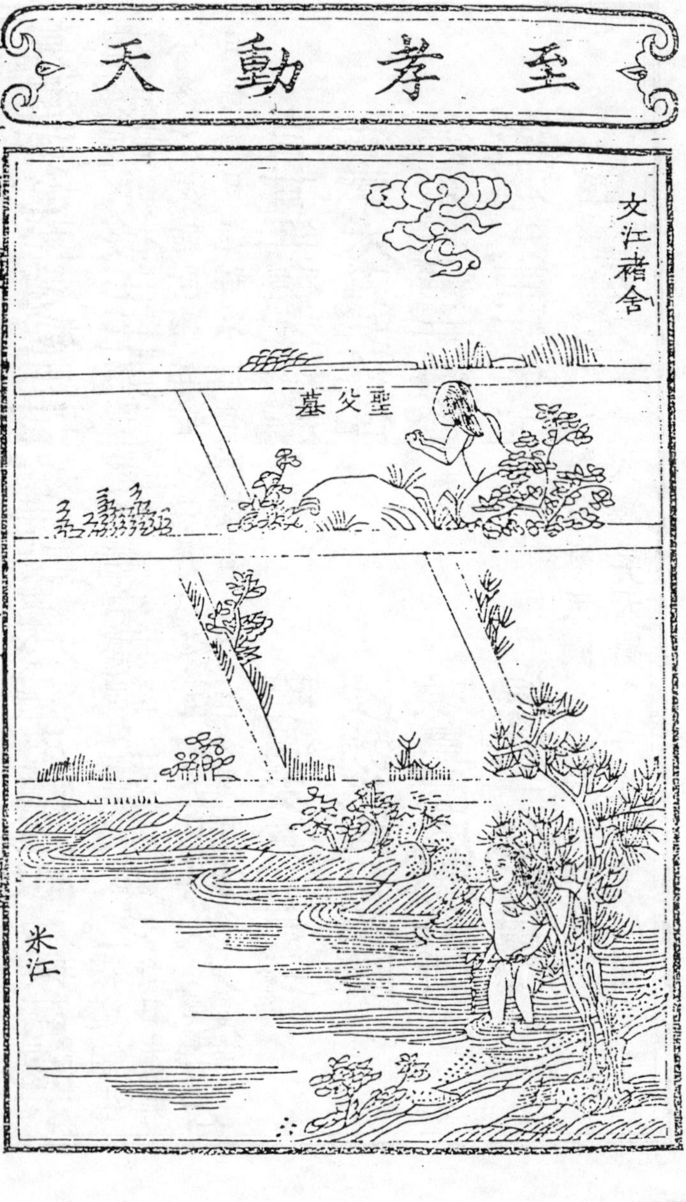

奇因特地

夜澤昇天
刘禾少女
乾卷
七

降龍授爪

壓浪眞人

娃羅名援。雄王時道士。王南征至神符海門。遇風月餘。王齋戒。命公前行海波遂息。凱還跡之。已僊去矣。詔封壓浪眞人。祠于神符海口。古詩有句云。羅援輕乘壓浪舟。賦其事也。後人過神符有懷感。一絕詩云

萬里乘風一葉舟　鯨鯢靜盡斗貔貅
自從鶴去龍歸後　依舊波濤鏡日流

一神符海渡雄王圖如左

神海渡雄王

符契元眞人

姓陶名天活屬唐時入中國爲昊天館道士自號曰符契元有德行法術奉道者多歸之三十餘載始歸國故舊皆無存者時果未熟者有隣里小兒攀緣採之眞人護惜甚至作大怒色旁道流止之曰熟與未熟同歸爾輩何苦執意也乃相攜飄然去蓋眞人道成而遊戲也後嘗居條山煉藥嘗入京詣開化坊訪友馬尚書總方因與韓侍郎對奕留連竟日神色不變馬韓皆異之而不知其已僊矣後人題

詩云

故園樹果正初成　戲怒攀童大色聲

摘拾點醒株畔語　青黃意外悟浮生

一圖如左

觀小兒摘果圖

觀小兒摘菓

通玄真人

李時人號通玄與僧阮覺海齊名仁皇年間耳得痒疾百方不止詔真人與覺海同赴遣花殿宸右侍真人奉命先咒之左耳愈帝笑曰留一片與沙門乎覺海咒右耳亦愈帝異之命設齋宴寵真人拜辭而出後不知所之帝乃賦詩一絕云覺海心如海通玄道又玄神通能變化一佛一神僊後人題詩云

一佛一釋皆宸知　咒罷遣花獨謝歸

步步雲端開笑語　　玄機弄了任靈機

一圖知左

辭違殿雲遊圖

會編　乾卷　十二

玄靈眞人

玄靈道士號玄靈。常德居驚山靈壽寺。燒丹。陳含皇召問修煉之法。賜所居號玄天宮。後不復聞。後人遊玄靈訪道眞人遺跡。有懷題詩云

晴泊東津八月舟　乘風搖紱上瀛洲
燒丹室倚山三面　洗藥池臨水一頭
丁鶴未歸壺立表　王笙安得再吹緱

陳宮一別天何遠　岩裡孤雲自去留

一圖如左

玄天峒煉丹圖

玄天峒煉丹
至靈諸山
麗奇寺
鰲山
大頭江

那山眞人

叟名修。那陳昌爺間得道。嘗居清化鎭（今寧平省）那山。故號那山叟。修煉之世。或千年。或三十年。猶有遇之者。明命年間寧平省人。有見一叟。約百餘歲。蒼髯皓髮。坐酒店。飲無量而不醉。人方喧傳。倏不之見。始知爲叟云。後人題

詩云

不知其幾春秋叟　二三十年時邂逅
九鼎已飛昌爺去　千鍾猶愛清化酒

岳樓鶴聽懷吟聲　雲館鶯窺牢睡趣
誰到那山那處尋　古今誰說那肥瘦
一圖那在
那山誰道國

鄢山證道

黃山真人

化州人。姓徐，諱式庾。順皇光泰中，于粵遊縣時，號名豁諳者。苔菴輸我集注，共花下有一枝艾，發莖數花，蓬三朵獨落，為讀花人所繫。徐適遊此，解然以尋，著秉翔。殺于遊宋山，經義出，偶至講壇，有一發，修成千古覺之肩。孫開見一童延之入，徐聽其真，號。縫香也。身得道，遺跡今存，其書皆多益本錄留官，今當貴。縣黃山，不知所終。世常稱之曰黃山真人云。後人題

詩云

暮栽花麗映成春　不意中逢芥外真

解綬解纓還解俗　遊山遊水忽遊神

千秋音話清泉錄　萬古高風碧岩賓

石掩扇從筆去後　化仙多少問玄津

二圖如左

一貂裘解難圖　一桃扇還真圖

會真編 乾卷 黃由真八 十八

貂裘解難

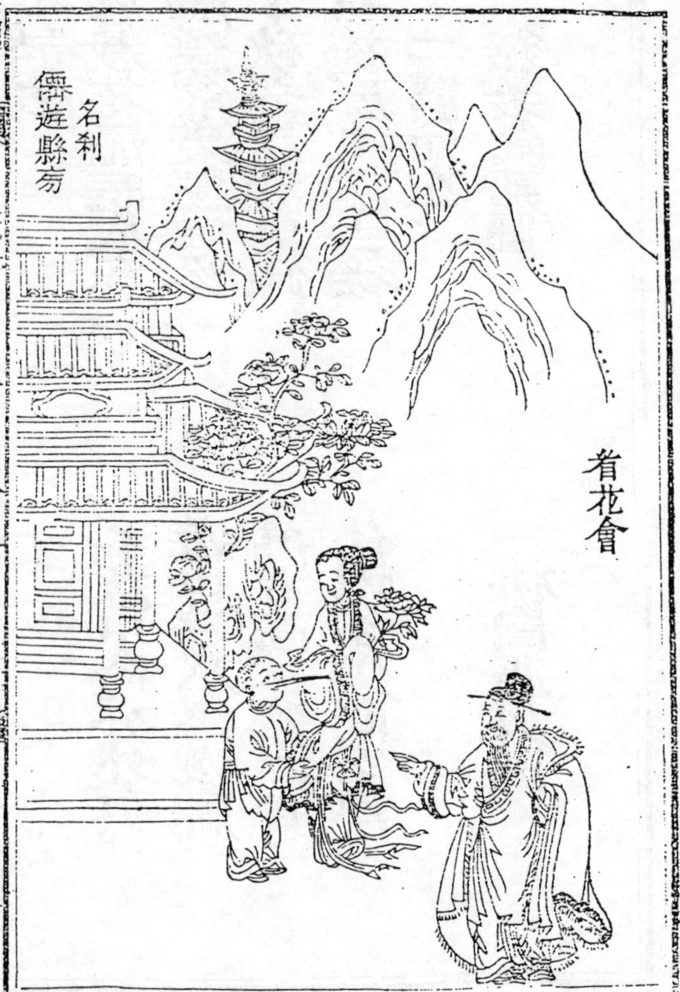

絶肩遇真
義山縣

道根眞人

陳朝至靈縣人忝俗姓陳名道根能詳數學爲人䆗以紙篆百投入水步履復出過無濕衣一說云此得三洞妙法地靈品道後知其學世罕得見之者後人贈詩云

雲符東隱爲已排　臨流發咒劾承

不然一路前都上　徹底無容學禁錁

一圖知去

靈水出頭圖

靈水出頭
至靈縣大頭江

逍庵主人

逍主乃天僊降世，自號天台嶺主，別號逍庵主人。今為前黎聖宗

帝，太宗次子也。光淑貞太后誕夢上帝賜玉女，配為長樂皇

后，又賫一長辭，即梁莢天道主。生知而好學，自擯封承大統，年

號光順，改洪德，太平制度為之一新。常稱為騷壇元帥，逍主臣

充騷壇二十八宿之數，與之唱和。宸文奎藻，超卓前代，其仁慈

等所作天南餘暇集成書，是其集首云：火宮子端承璽玉色

經更乘無敵千載，作奎釐二叙，及所自作詩有瓊島夢蓮春萬頃

寒江詩落月三更之句申陶二公季評云李杜復生亦莫能過非溢美也其臨筆詩云五十年華七尺軀剛腸如鐵却成柔風吹窗外黃花謝露浥庭前綠柳癯碧漢望窮雲杳杳黃粱夢醒夜悠悠蓬萊山上音容斷水玉幽魂入夢無皆膾炙人口所著有瓊苑九歌古心百詠春雲詩集古今宮詞傳世丙辰年十一月三十日偶化於保神祠翰林侍候不見遂錄去云壽齡五十八廟號聖宗或言夢中主奉命陰靈爲南邦越欽上帝益以占城故其後開拓順廣闢地千里是其驗云磨崖碑今存平定省母子山後人

讚曰

三八乾坤　春雲妙化
包朗一都　華胥四野
鼓吹李陳　笙歌虞夏
李杜清光　歐蘇統雅
山泛周車　海開漢鷹
瓊島夢回　蓬壺笑破
世局丹青　古心士直

玉唾依稀　天南餘暇

一圖如左

一君臣慶會圖

會真編　乾卷　廿二

安國眞人

姓陳名淵居光村人。（盛光今改善光）先考深家貧業於書籍（今安宅村）金
龜堆。察書室居焉。後遇王壺子。遇一女著紅衣過之後不見。吾
知為神。僊嚴拂袖歸。自是讀書之暇。每以可遇難求為念。忽一
日降庭。狀如前無異。吾拜叩之。曰我乃靈輝婦育所傳者也。請
有道緣。可傳丹訣。故奉命來點耳。吾遂喜而學焉。三年道成。二
白鶴啣書而下。吾與夫人及元子珍（其子乃吾所化非俗產也）。自言吾鄉人
見而異之。即居宅立祠。時二月初四日也。黎聖皇禱之平古遺。

詔封安國二字。後賞陞筆賜樂以慶人云。後人題

詩云

龜山鳳旅迎僊塵　笑殺紅霞筆未眞

認得同車雲上友　方知從駕鏡中人

一圖如左

龜岳騰雲圖

龜岳騰雲

鹿角真人

公嵩平府人逸姓字家貧業樵採性至孝母嗜鹿乳公無以供嘗入山號泣忽遇一老人曰欲得鹿乳可蒙鹿皮爲具一副與之公如命不輟一日老人來言其孝授以鍊術而秘之母沒後入山不返子孫之見一鹿作人言囑子曰既變形不可復今歸一角縣而找之至屍撫摩焉可以爲食乃搖頭毆之後不復見子如教家果豐逸方至今猶能道其事在東野公撰嵩平山神祠記文有找角鹿得之句紀其實也後人題

詩云

乳孩主靈存全幾　孝念無踰格上蒼

出客至今傳奏諭　譽隨雲去飾馨香

一圖如左

高林脫龕圖

高林脫角

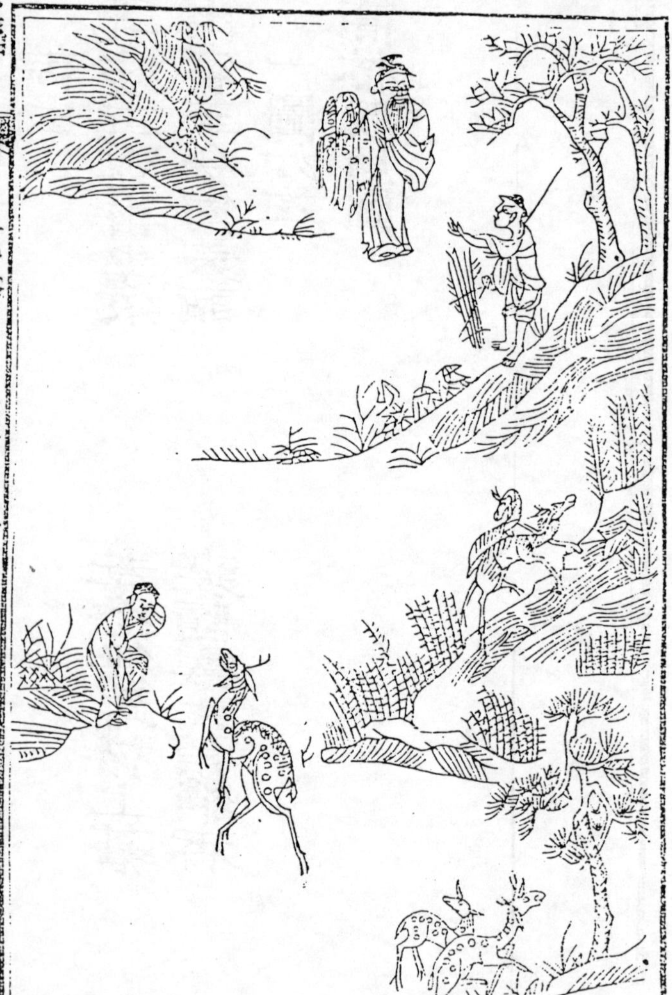

鴻山真人

姓范諱員黎朝侍郎公質之子也東坡安排人號鴻山逸叟性豪邁善詩酒翛然有出塵之志演州山水足跡殆遍後遇一叟睛有異光對目不瞬公知爲異人拜問之再四叟曰吾家瑚河之北來此採藥耳他日過訪於榕樹旁以常老呼之當與一話公拜而識之數歲後知長安（即昇龍）因訪友過河而北見老榕樹婆娑欲到時叟忽於背後莞然曰君何遲耶吾候之久矣館以一杖扒石見樹底圓竅只許攜而入見石潭上有一小庵叟與

亮次從容曰吾中無所有惟古書一囊遺懷耳詭發而誦之覺塵骨舒爽居數月吳語之曰吾自在堂君且歸去他日於紫虛宮見之乃授書庭一卷送之出門范由是得法神妙莫測同縣權中院與翰素與吞善翰少穎悟以神童稱性疎野有酒量每酣飲與之撫劍而歌歎髮猛虎爲戲或相攜登臨水維石中數卷共談時莫有見長嘯聲振有樵於瀨口者見一人踏青驢自天而下即之曰姓范時所居笑而不答惟在石上觀書俄頃騰空而去大興門茶店有樓夫登此見一叟乾茶而囊盛居主

昔索之檯去仝之償其價迺感謝問何業其人曰業賣藍靛今
天旱艸枯無計矣叟曰我見一處藍花甚茂能從我採否其人喜
從之至則果然叟曰汝家距此數十里各採一擔叟之擔至其家付其
人而去清起黃藍甚多叟年少一日攜其擔過一叟曰汝欲
厚價可從我去叟曰唯居之行至其處則二家有婚事而酒歌
人爭買之價十倍叟問其名主人曰清某叟嘗起及叟賣叟引
之還至青樓前衣去道其故後序館具禮留至拜之餞於壽
上得一片紙有句云艸生池上是吾家翁知爲真人云清齋維

紳有姓杜者好風水遇諸途託曰予術未妙吾得楊公法書久矣予能從遊乎杜欲即輟此之日今有龍吟之行五日後當發吾於鴻嶺第一峰下杜如期而往見之翁衣著語語囑屆來明日指堪輿圖以告因言吉地造物所珍不可救私妄覬于官山靈者云究在人心不在山予其念之杜一一拜受杜後以偷葬東烈山冒禁臨刑始悔不守真人之戒時積雨初霽託曰天氣清涼佳酒助興可也頃有二人皆冠褂服一姓阮一姓梁鬚髯皆白各乘白羊而至既延入隨有頂儒巾者被髮而來三人相顧曰權中阮神童至

矣揖而坐杜亦與席范出酥醪醴用椰子杯送酌梁曰我輩盛
桓林齋今遇蠻壇老手又兩發景色絕奇可無言以記之乎郎
命賦出申再發范先吟次陶次阮又次杜惟梁集古一律舉座
稱爲豪逸事實及詩詳見吳公洪錫所載傳因相盤而歌陶曰今日歡飲少敘睽
離來日南濱之遊諸兄無惜況醉皆曰諾晚各東西去杜歸嘗
以事語知者黎景興年間眞人嘗至富市阮進士家一日變容
乘紅馬二白木尾之遊其門閽者曰汝師在否閽未及對眞
人遽出時阮公方晝閣入告公即起命紙筆書曰不候不伯一不

公卿不語誰知甚姓名。瘦驛一鞍隨響箸。肥驢雙佩憂飄鈴。此詩原用國音云極報名[illegible]埃別覺極卿極相極公侯馭擯女乃跃兩縛往肢堆踶踴樂轍真人行約未半里。阮公命僕奉詩。急走追呈。且邀再駕。僕追及之。真人在馬上覽之笑曰。汝師未離乎肥瘦之間歟。是詠漢去肥瘦作紅白始佳。我旣幾年。汝歸以告。今有事且去。他日再訪可也。言訖不知所在。後嘗化一叟。自號來鄉貢。與諸監生遊。作國語僻居寧體賦。人爭誦之。今登梓貴公五福所得矣。書亦真人授也。真人多奇異事。詳錄忽綴。俟後人題

詩云

東城道脈仰元辨　自出塵來便脫塵
海上桃箋爐授乙　江邊樓檻訣承申
綠藍黃藥慈風古　紅馬青驢韻事新
蹤跡如今何處是　鴻山九十九峰春

六圖如左

一捧經出塔窟圖　一飲醋戲虎圖
一鴻嶺談書圖　一跨青驢下雲圖

一雨後吟詩圖

一乘馬訪阮公圖

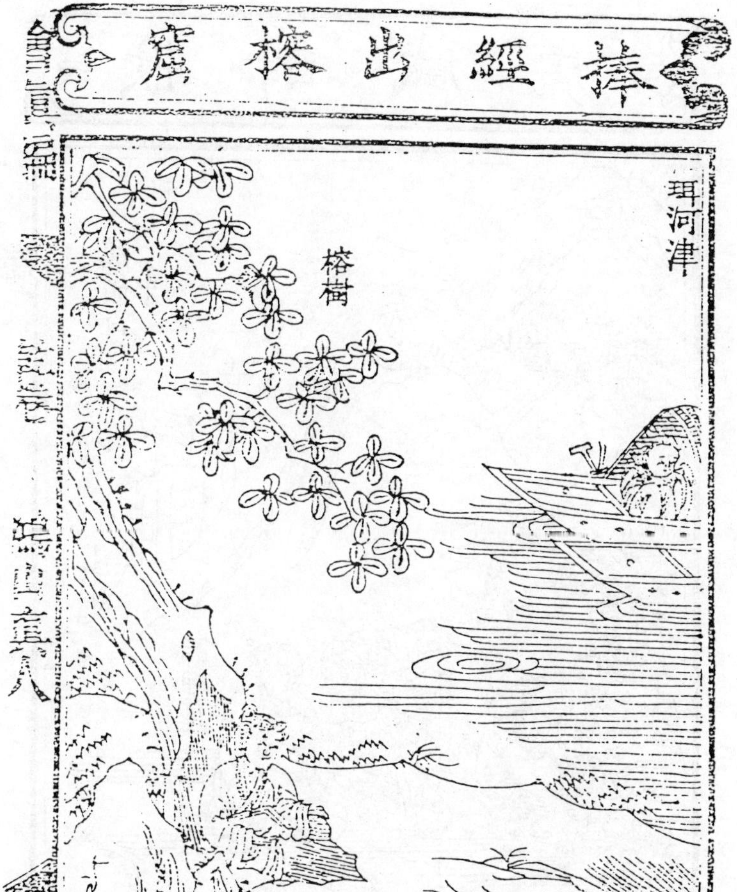
捧經出榕崖
珥河津
榕樹
廿一

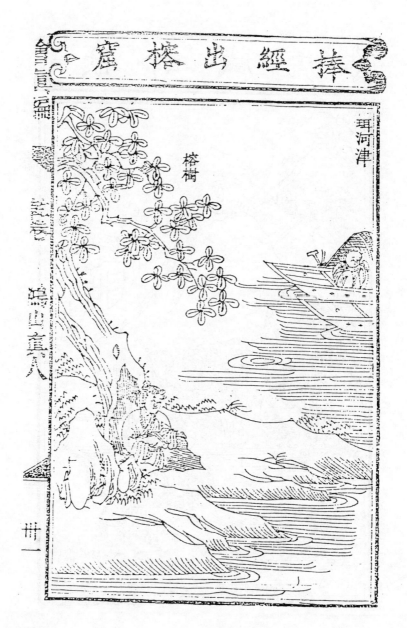

飲酣戲虎

會真編

乾卷 鴻邊道人

卅二

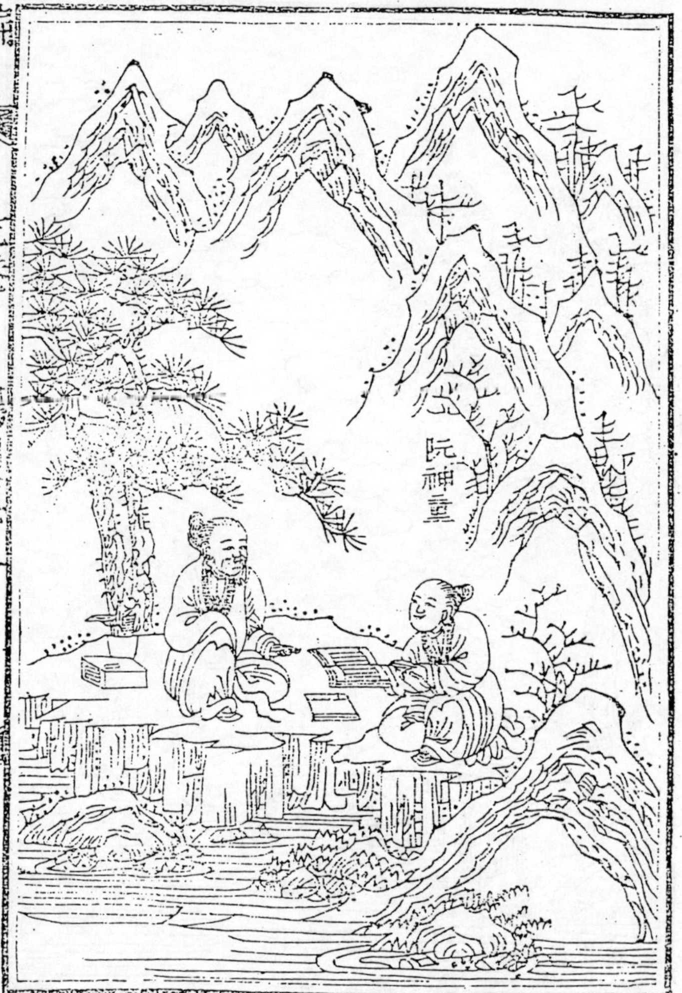

跨青驢下雲

雨後吟酌
梁
商
阮神童
杜風水
廿三

乘馬訪阮公

成道真人

公少傾鄧廣修西嵩。嚴宴羨老江湖。邊遷處處顛真人能之名曰

大川足跡殆遍。一日與同輩二人尋真入海。洪濤怒濆中修

道一綫。屈曲如羊腸。過一山。樹木蒙茸。桃實大於斗。真人偕壹

小憩。入賜桃數枚。飛無慮。移從者請留。覓真人行。公從事真人

弗覺。覺之懷。紆回半日不得路。高峰中移。故採藥之。由山真人

在前途望。鄭笑曰。來何遲。留曲秘。餘接之。携從者驟然去。不返。故

後此山。人因自號成道子。時有一人。得心病。谷異久不效。公訪而

治之。其人問禮。公曰。無他。症屬寃病。人心廢。今懸一蟋蟀之可也。其人依言。病愈。厚謝之。公不受而去。妻孥歿。精山東偏不答。獨識其去路。崇谷中石罅得一蟋。餘及之。在田谷。幾三十載矣。後不知所終。後人題

詩云

桃杯醉醒海中儒　蟋蟀猶能得列傳

一自收藏嘗石罅　蟋蟀不復為人懸

一海嶠陪桃酒園如在

海上陪樵酒

乙集 廿五

會眞編

坤卷　　清和子　敬紉

崇山聖母　　桂軒子　參閱

聖母號娜舍元君。爲第二宮選王玉帝次女也。黎神皇永祚年間八月望夜。本國諸奉處於此日俱無慶祝者蓋未考耳今當依日致敬爲妥降生天本雲葛安泰村黎姓之家。夫人自懷胎至此。病似異狀無效。將誕時有一道人來爲之登壇行法。把玉斧一擲。倏不見已而誕焉。是夜異香祥光滿室。因名之曰降仙。寄爲陳門義養。此降靈初度也及長容德絕代琴瑟既諧年二十有一而化時玄皇景治年間三月初三日也玉帝以謫期未滿遵首降爲福神受人間供養仍賜桂柳二儀從駕今崇山祠有事惟左右二位顯應盖母既升天故也每節日拜命而行眞指清化地方經廣高至崇山顯跡按三月初三乃聖母歸而復降之日故東野先生撰歸神降神全日自文者以此母既下山上臺示號土人由是依山廟焉其本邑安泰祠亦始於此間者愚俗以女神多弗遜母不獲已顯大威靈其凝聲較未官微王一百倍此隆靈後長也鄭節關之疑爲妖請命飭法術高者制之不得朝臣有知爲母顯聖奏乞封

贈修祠宇。詔可。此土遂安。謁是西方芹蹊無虛日。厥後毋嘗經遊此河諸勝。隱見往來。人或有見之者。如高山輞日。高平牧馬山祠今存美沼浴雲。不拔富美邑祠今存及白衣曉化。試豪郡之法門。唐豪易使古廟今存隻梅管來慶。瀘江之舍土。白鶴縣瀘江右西事詳雜憲綴拾其神通遊戲。類多如此。累朝有戎事。恒致禱焉。功成進王爵。其前後所封美字已詳諸祠敕中今不載有黎以來經過祠前。自一品官以下。莫不俯首斂躬。而屏息焉。數百年間。禍福不一。靈聲既著。慈德亦宣。人皆稱為聖母。黎末有一散官年外八十。有德行。夢見天下喧傳聖母整裝上朝。有二

千玉女奉帝命具旌旗車蓋分兩道迎之樂音振天仰瞻乃覺
時三月廿三日也官常以夢語人識者曰謫滿升天之期也西
竺至今祠滿國內諸禪寺亦造像奉焉明命年間東野范先生
撰奉事一聯云紫極降神雲蓋春秋標祀典閻浮顯聖日南今
古仰英聲（此何見曰用必需）又別撰一聯恭進于劍湖祠云成物如地
生物如天陶鎔物類如大道之難得名言歷代發華路懿鑠世
世爲儒降世爲佛普度世人爲慈母之憫斯醫子萬方昔曝樂
尊親或曰此四十六字方見聖母本來面目蓋母乃三千大千

世界之母，非只一界母也。後有人務是職奉于崇山祠今存。又我國牡丹推崇出一株花極紅大，母素愛之。故凡祈禱者必用色紙作牡丹花一枝為禮，蓋亦從先生之教云。後人題詩云

萬古慈雲徧大千　人空疑佛又疑僊
崇山氣解感靈輛　葛水俄撐濟度船
環珮香飄銀桂地　瞻芹夢遶玉丹天
徽風懿德光宵壤　莫道傳音筆倒顛

一自崇山升聖圖如左

自崇山昇朝
柿仙
桂仙

儸蒼公主

公主雄王愛女也。時年少，將擇配，嘗不肯，王亦聽之。性喜遊山水。後與諸公傅父安海至洪山，結庵修道，道成，並於夜半昇舉。時諸邑建廟奉者，凡七十有二。歷代王朝奉贈，爵稱太祖。在藍山晦跡時，既公為營，復見之者，主母婆也。此事畧見錄恭察，敘於詳在別錄。以來國致祭壽昌里海祠。時有騷擾群盜，每年時，旁近夜遇火者。嘗於祠樓上現，一白衣入鼻之，感恩福至今崇字內。後人題詩云

海外彎鹽返浮槎　誰知吾黨待綸音

奏篇海戰何年夢　生面樓臺畢古今

一圖知左

洙尉修真圖

洙嶺修真

長樂元妃

元妃天宮玉女也黎太和間光淑太后夢上帝命配道主即聖宗嗣而降生濟文阮侯吳人家自幼不言年十七八發秀入以為啞事披袍而已暨聖宗立冊寵未獲一日宮宴奏樂元妃預其列忽執拍而歌其聲妙絕上異之召見容止非凡與夢無異遂納之是為長樂皇后後人題

詩云

香車自別紫雲城　十八年中始一聲

意者知音猶未遇　不妨絕調謁瑤壁

一圖如左

儒揖圓夢圖

會真編 中卷 長樂元紀 四二

刈禾少女

西甑縣（今安東）東泉邑農家子。年約十五六。傭主與道祖飛昇。時天已曉。家方刈禾。卽見之。卽捨禾而從之。傭主遠近喧傳。家鄉未之信。後看禾子一（俗號丐厭）女所常服者飛去。家鄉人見之驚異。遂立祠奉焉。（今東泉邑祠中奉道祖左傍容右傍女是也）後人題詩云

早輿腰鎌縈刈輪　雲泥頃刻發青春
休將白地疑玄府　瓜豆多生積善因

一雲外飛來圖如左

雲外飛祠
東皋邑祠

玉鐖佛主

玉鐖佛主不知何許人延慶府今廣乱寧山下有一濵通海陳黎以前其地屬占城寺前有異木一株浮海至此雲氣蓋其上衆以為異挽之不動占王手試挽之即起時於是命移入城會氣大發懸月夕有一美女至此盤桓體光如玉因號玉鐖書聞占王是禮迎之為太子配數年生男女各一已而自言謫滿將去命工部山間建塔用諦木作像四婆于塔付土人奉之遂司尋等塔中祭器皆真金銀衆不敢犯由遵嵒靈魚惡獸甚多未嘗為

人物嘗祈禱稔應至今猶然祭賽景興丁亥間有勅免奉事民錢

緩後人題

詩云

異樣何日結香雲　換盡腥膻作慈券

妙色一香隨髮變　虬山印墨海歆締

一圖如左

虬海留芳圖

會真編

坤卷

玉窰器王

四五

虹山

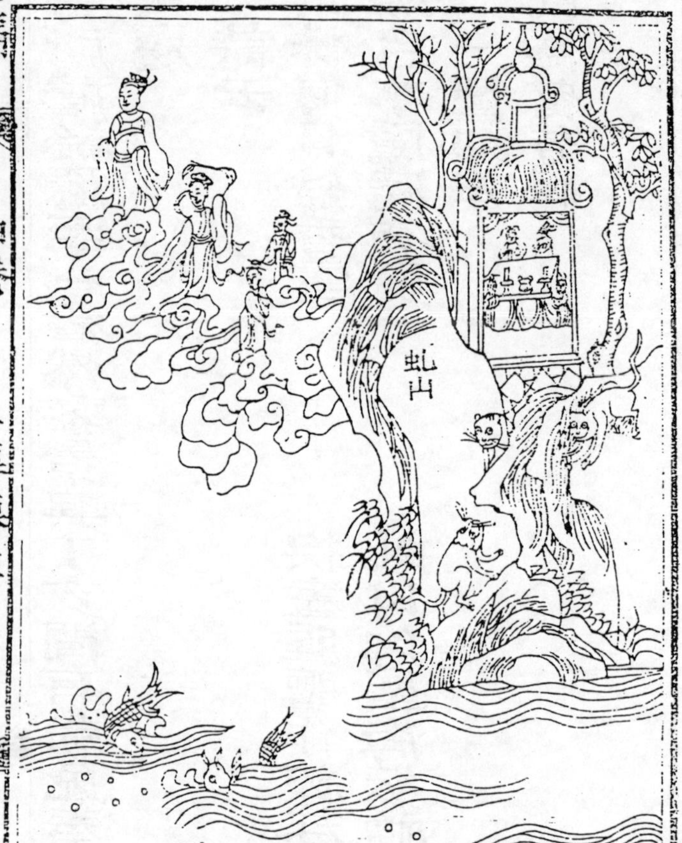

絳香僊子

裴世碧桃白僊號絳香昔於佛寺攀花被難時乃僊子著戲以試人也。後徐公遊此。僊主甚遇之。遂得道。事見徐真人傳。阮公漫錄載僊婚事設辭也。不可信。後人題詩云

桃尚明雲掩石扉　戲着花去摘花歸
縱然青眼未能解　究竟紅塵安可縻

一簪花歸碧雲圖如左

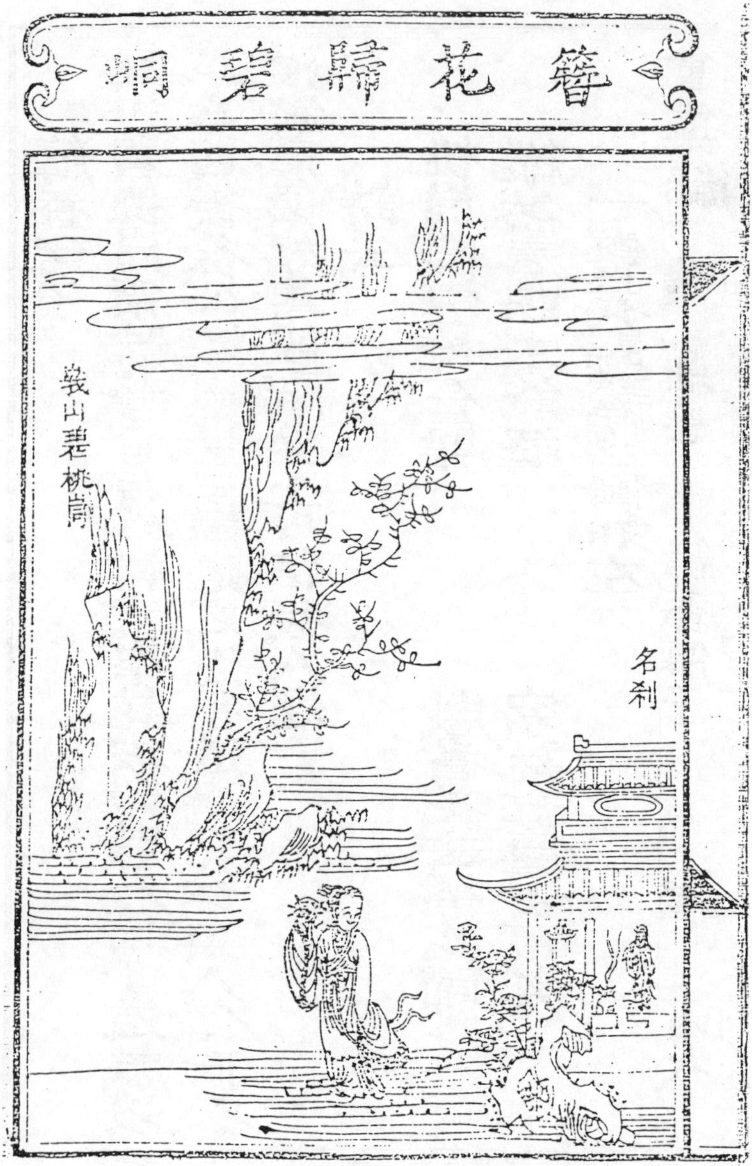
簪花歸碧峒
峩山碧桃峝
名刹

絳霞偶子

南岳僊也。號霞綺者。嘗著無衣。手自刻扇。遊玉壺寺。陳真人道之餘。不見。乃降其家。所吾于道。道成並見事。詩碧霞道館錄後人題詩云

廣種陰功希大環　　終承王旨賞金丹

不參驂向鸞臺去　　何必龜山鳳外間

一圖如左

掩扇過橋絳霞圖

拾扇遇禪關
無遮大會
玉壺寺

出水二僊

奇華縣盛慶山下有渠水清冽。土人常見二媛從中出。或沐浴或遊戲。因有人為祭壇。皇帝南征過此。詩有句云水僊渠上煙霞古。蓋指此也。後人題詩云

日月乘中杞兩儀　芳名並入聖君詩
棲雲未識經旨去　正值桃香報玉池
一清瓊瑤片圖知在

清潭浴月

陪輦儒娘

黎洪德年間一女儒過玉壺寺時聖宗遊幸還至此遇之命陪御輦回至城大興門女騰空而去即命於門上建樓名望儒以寄慨焉後人題

詩云

何處飛來忽飛去　九重未及交一語
車廻只建望儒樓　樓上幾時延鶴御

一興門振羽圖如左

興門振羽

製衣傳子

碧桃信有一衣。傳承重典。初禁令人。非嫡衣鉢。雖有嗣衣。亦不可其長短。天下各適。乃顧居我真者。回至衣已在當口。令後事推卷絕塵。今舟船遇出。吉世間質得。貢人會萬卸止後人題詩云

繡羅無雙玉壺中　　庚申遠緣一絲工

誰知今日遊絕技　　巽心正擬覆金鶯

一碧紅鸞寶圖紋

碧嵓縫雲
峨山
爲貧苦者製衣
具布帛人捧香至

賞會雙標

黎景興初年帝嘗幸城東金甌寺上湖今屬永昌村臨勝會宣嚴宜壽。四方士女觀者如堵。帝悅。忽謂左右曰。我會中有儀容姣好知否。左右瞻之良久。奏臣愚謂會讓爲美而誰之曰。二紅交讓肩而立者是也。言訖。二者臨雲而上。人皆異之。會後命會甚起建寺。號賽勝以誌奇云。後人題

詩云

南海樂清平　下雲看勝會

龍麟笑一場
佛影讀金匱
滄桑言義經
一圖存左
金匱遺影圖

鸞鳳鬱奩
韓壽留玉剎
猶是傳奇語

金甌遺影
龍城南勝會
仙跡寺
黎承帝
金甌湖

題詩僊女

黎朝景興中有一女僊遊西湖鎮國寺（今改鎮北）手題壁上詩首句云五百年前此地遊白蘋紅蓼滿江洲時進士吳公[illegible]臨過此親見之倏不知所在後人題

詩云

西渚何年戲夢場　筆端喚醒幾桑滄

松風別後桃花浪　古剎時聞翰墨香

一鎮寺擢翰圖如左

鎮寺揮乾

陳益源 校點

新傳奇錄

新傳奇錄 出版說明

本書爲范貴適所作。貴適字與道，號立齋，清化省紹化府安定縣同滂社人或謂海陽省唐安縣華堂社人❶。生於景興二十一年（一七六〇），卒於明命六年（一八二五）。大越史記全書景興四十年十二月記：「府試。賜黎輝瓊、范阮攸進士出身，范貴適等十三名同進士出身。」即本書序所謂「十九歲中盛科進士。」

黎昭統元年（一七八七），西山阮氏建國，安南內亂，黎帝出奔。二年，黎帝遣大臣如清求援，乾隆派兩廣總督孫士毅領兵出關，助黎帝復國。清兵勢如破竹直至黎京龍昇，册封黎帝爲安南國王。而孫士毅輕敵，爲阮文岳兵所襲，清兵潰退回國；黎帝亦倉惶出奔。范貴適時已官掌四寶，隨黎帝出亡中國。及後阮文岳向清廷求和朝貢，獲封安南國王，清庭遂安置黎帝及其從亡諸臣於北京等地。至阮朝嘉隆三年（一八〇四），諸流亡者獲准返國，黎貴適應於此時返越南。事見欽定越史通鑑綱目、大越史記全書、南天忠義實錄及皇黎一統志❷諸書。

范貴適回國後，屢蒙阮世祖召見，並授侍中學士，辭不獲准，被逼出仕，乃留北城奏府督學，爵適安侯。隨即稱病辭官歸養，還鄉講學，卒於家。後入祀黎末節義祠，謚忠愍。傳見大南正編列傳初集卷廿。

范貴適稟性剛毅，爲嘉隆時期的著名詩人，其文章節義均受世人之推崇，時人尊稱爲「立齋先生」；著有南行詩集、立齋詩集、天南龍首列傳及新傳奇錄等書。

新傳奇錄序謂「昭統末，僞西簒國，公隱居不仕，以課兒自樂」，是作序者不知其流亡中國達十餘年之事。而其謂「恥見黎朝舊進士，多有易面變辭偷生賣國，因此托此傳以自嘲」，揆之正文，則極可能。按貧家義犬傳所嘲者即爲此類，羽蟲角勝記中，亦借寒蟬之口，再三致意焉。此兩故事，皆發生於丙辰（景盛三年，一七九六），則可知此書之作，亦當在黎帝北奔，黎亡之後。書中屢稱「故黎」，則其寫作似應自北返之後，嘉隆年間。

新傳奇錄于今所見計有二種抄本，一是：法國遠東學院藏編號A2315，原書現存越南河內漢喃研究所。此抄本字體工整，尚存一十八葉，每半葉六行，行十七、八字。前面之序文，乃後人所撰。其內頁標題作「增廣明善眞經」。內容存貧家義犬傳、羽蟲角勝記、貓犬對話三則，而貓犬對話止於「乃口占詩二律，以道其志云」，顯爲殘本，其佚失內容多寡，無從得知。另一本爲法國遠東學院藏編號A2190，原書現亦存于越南河內漢喃研究所。此抄本字體精練，間有行草。計存一十一葉，半葉七行，行二十或二十一字。前面有序，僅存貧家義犬傳、羽蟲角勝記二則，而內容與A2315同，僅少數個別文字有異而已。今以A2315爲底本，而以A2190（以下稱爲甲本）參校。

附註

❶ 新傳奇錄序云：「是書乃范貴適公之手著也。公唐安縣華堂社人。」唐安縣屬海陽省。

❷ 欽定越史通鑑綱目「黎愍帝昭統三年」註「黎貴適」作：「安定同滂人」；南天忠義實錄補遺集「黎貴適」下則註：「清化省紹化府安定縣同滂社」而其後又有：「且如貴適此次從亡，事屬經久，致原貫無有詳知。」皇黎一統志第十四回有：「掌四寶清化同榜黎貴適等，奉太后從穀而北。」此似可說明其原貫所歧異之緣由矣。

增廣明善真經

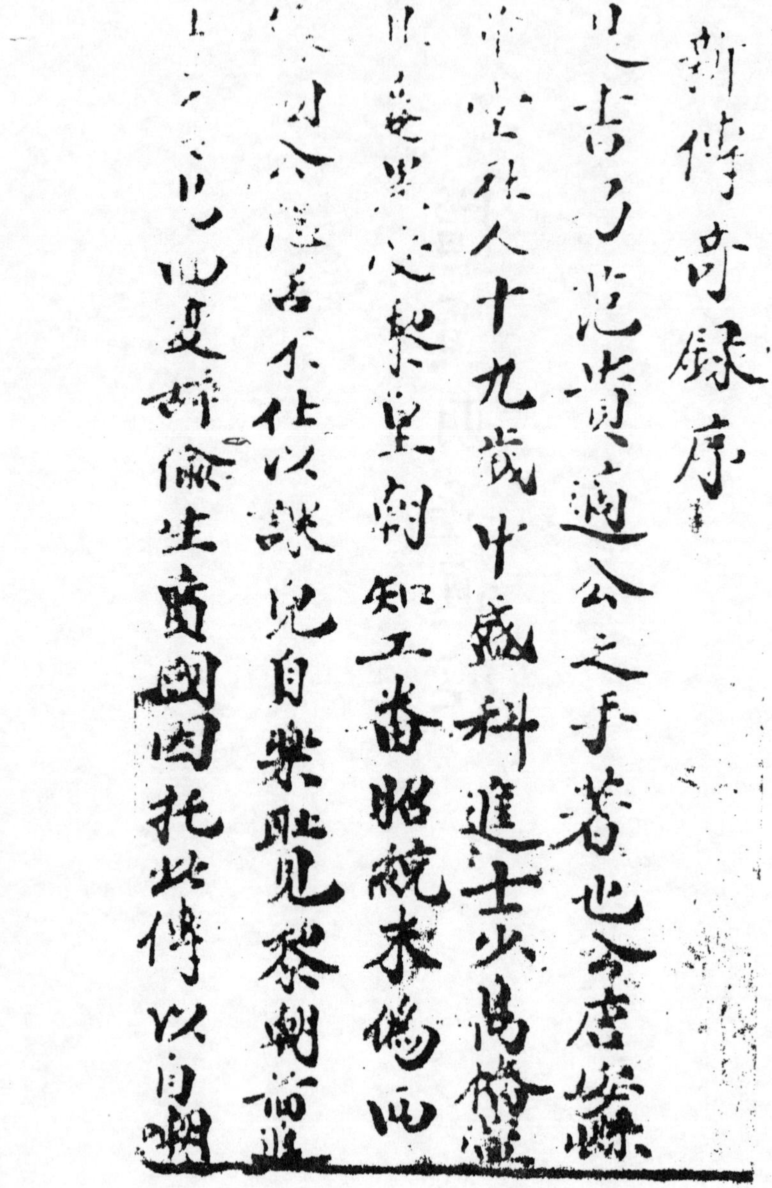

剪傳奇錄序

是書乃[illegible]遇公之手著也今盧[illegible]

[illegible]人十九歲中[illegible]科進士少爲[illegible]

[illegible]黎皇朝知工番照統本僞西

[illegible]不仕以詩[illegible]自樂耻見黎朝[illegible]

[illegible]好[illegible]生[illegible]因托此傳以自[illegible]

[illegible]十五其家不妄與人知故其書罕見云
[illegible]家集大傳
[illegible]餘閑有道民陶姓者字雲龍號雲軒居士
[illegible]純粹德度寬和多脩學少文為世
[illegible]尚氣節真北士之偉人也年二十遊學
[illegible]勉力攻書究畢宣微旨嘗纂外史叢

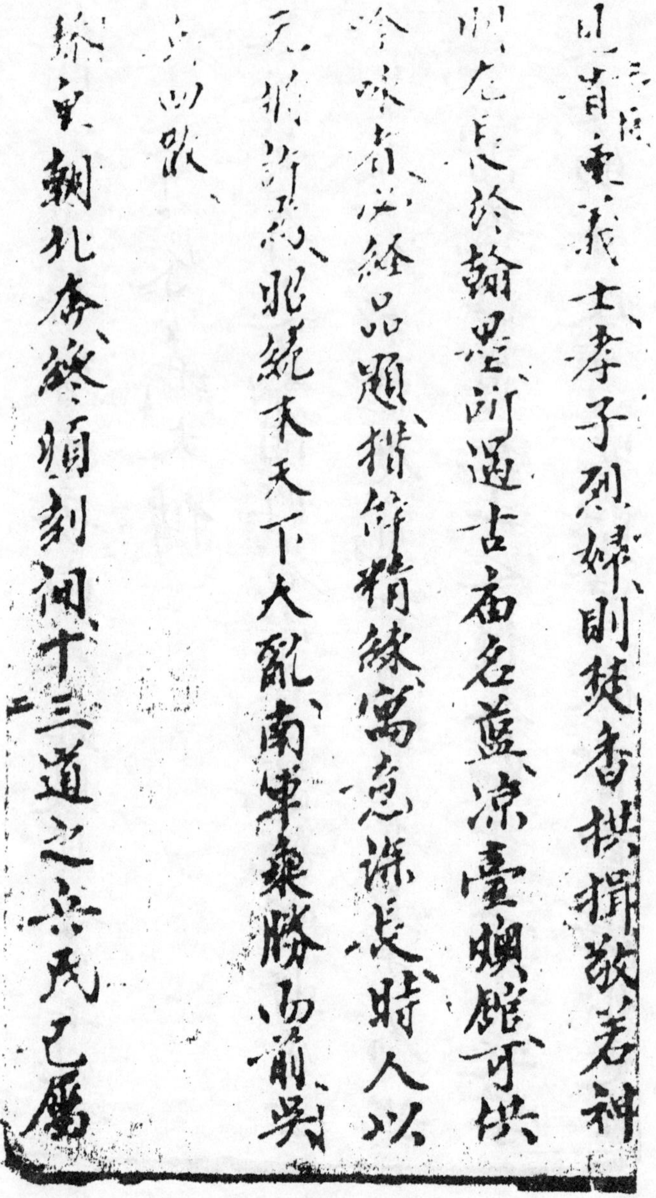
山[illegible]青雲表士、孝子列婦、則焚香拱揖、敬若神
[illegible]左右於翰墨、所過古廟名藍、涼臺燠館、可供
吟咏者、必經品題、楷餘精緻、寓意深長。時人以
[illegible]非許爲、兆綿未天下大亂、南軍乘勝而前、吳
[illegible]四散、
孫[illegible]親北奔、終循刻間、十三道之兵民已屬

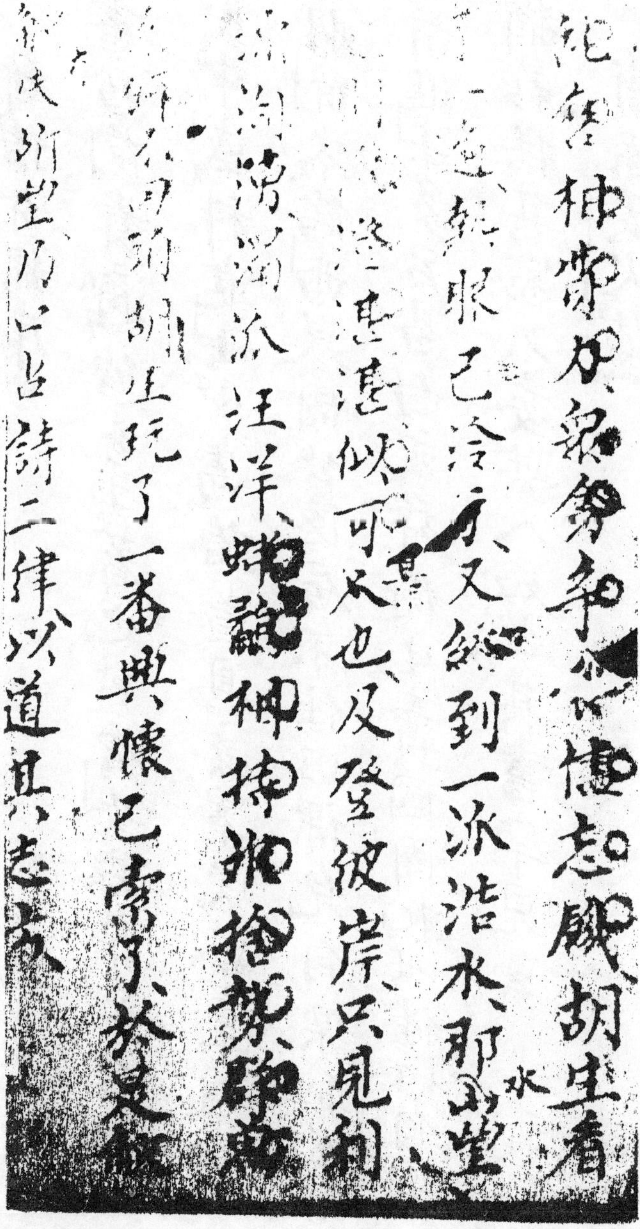
記在柯常乃、絮剪爭不住、忽飄、胡生看
了一遍、只覺眼已冷了、又繞到一派浩水、那水望
過去一片、澄湛湛似不可及也、及登彼岸、只見利
濤洶湧、瀾淡汪洋、蜿蜒神棹撥、鬱勃
了新分明、胡生玩了一番、興懷已索了、於是題
於伏所堂、乃口占詩二律、以道其志云

新傳奇錄序

是書乃范貴適公之手著也、公唐安縣萃堂社人、十九歲中盛科進士、少焉椿萱具喪、累受蔡皇朝知工番、昭統末偽西山國、公隱居不仕、以課兒自樂、恥見蔡朝首進士多已易面變辭、偷生賣國、因托此傳以自嘲、然猶私撰其家、不要與人知、故其書罕見云

貢家美犬傳

新傳奇錄序

是書乃范貴適公之手著也。公唐安縣華堂社人，十九歲中盛科進士，少雋，椿萱其慶，累受黎皇朝知工番。昭統末，僞西簒國，公隱居不仕，以課兒自樂，恥見黎朝舊進士多有易面變辭，偷生賣國，因托此傳以自嘲。然猶私撰其家，不妄與人知，故其書罕見云。

貧家義犬傳

故黎朝有遺民陶姓者，字景龍，號雲軒居士。生得豐姿純粹，德度寬和，多質厚，少文爲里名，義尚氣槪，眞北士之偉人也。年二十，遊學長安，劬力攻書，究聖賢微旨。嘗繹外史，每見忠臣義士、孝子烈婦，則焚香拱揖，敬若神明。尤長於翰墨，所遇古廟名藍、涼臺燠館，可供吟咏者，必經品題，措辭精練，寓意深長，時人以元將許焉。

昭統末，天下大亂，南軍乘勝而前，吳兵四散，黎皇朝北奔，纔頃刻間，十三道之兵民已屬西山酋長矣！公於是夜展（輾）轉長呼，通宵不寐，「可憐三百年天下，從此山河已改觀」，因此肆志江湖，不事產業。更兼累歲凶荒，庭柳園花頓改往時顏色；然公窮且益堅，不以貧故損桑蓬初志。常（嘗）于臥屏題一絕句云：

戚戚終宵鬢欲班（斑），遭家不造國多❶艱。
何時了此男兒債？消却幽愁一寸丹。

題訖。又見碧漢上轉出一雙鴻鴈，從空中婆娑飛來，公顧鴈吟曰：

萬里雲程鴈北飛，憑他道我故君歸。
交州尚有英雄在，奮翼重來未可知。

一日，乘閒縱遊昇龍城，途經南門，適見前朝諸勝景，一一非舊，心下有感，因援筆吟云：

其一

城中九廟黍離離，舉目山河淚滿衣。
牢落幾存周制度，腥膻甚異漢威儀。
歸來增痛新亭飲，慷慨空懷故國悲。
何幸蒼天猶眷祐，早將神劍畢清夷。

其二

三百年來宇宙春，城池今已屬何人？
悠悠萬里君何在？悵望藍山拭淚頻。

吟訖。如此風情，不下十餘首，概可想見下泉、匪風之餘意。

迨丙辰年，公以家中不足，客遊于安豐，聞內鄰阮家有崇師之意，遂往教焉。主見公衣服淡莊（裝），似是太原的樣，心知其貧儒也。捫其袖則史頭一帙，探其囊則禿筆數株。古硯魚呑，墨痕已淡；遺文蠹吠，字樣難分。主人亦陋其迹，而薄其待也，館之以空室，祿之以三緡。公偃然居之，不以薄待為恥。出入止五、六童子，朝夕與道；左右其四、五圖書，古今演繹。或臨風而絕唱，或對月以狂歌。情景迫真，吟塵屢動，常（嘗）於講堂壁上題一律云：

十載書燈勵琢磨，盍將早歲擢危科。

代耕所事三緡祿，俯（撫）育惟容數口家。
豈是文人奇遇少？抑将才子晚成多？
鼎鍾他日憑天給❷，償了年前一小鍋。

公晏然所居，望于壁上，再續于前諸意思，所題二絕句云：

其一

齎躬黃閣非無路，擧目山河恥倒冠。
北境有師重我易，東山雖帝得臣難。❸

其二

懶把錦心文貊國，俟将耕舌治蕪田。
古人耕釣求安計，反（天）下於我一細旃。

公凡有適興，援筆成吟，酬唱之間，備見於白雪、陽春之集，不暇贅引。

且說公在教館時，養一犬，日夕與之玩，行則尾隨，坐則侍立，雖稠人之中，不離左右。公見其義，厚加給賜，因以韓盧名呼，常（嘗）戲之曰：「汝既爲我畜，肯爲我出死力乎？」那犬搖首掉尾，如有允諾之狀。從數月，公以事告歸，那犬出入軒門，晝禦鷄豚，夜防暴客，更兼童子健忘，不給食，吠聲幾乎不爽矣！

時本邑富翁有姓張者，見而憐之，將飯餽食，纔入館門，便為那犬所吠，伊人責之曰：「韓盧，韓盧，憐汝久饑，餽汝以食，我豈不仁哉？汝雖物類，亦有寸心，何以怨而報德也！」言未竟，那犬張舞爪牙，翻作人言曰：「子亦主耶？何以能餽我食！豈不聞『夜間深突入，非盜則淫』？子非不仁，我固吠非其主。」富翁見他靈異，毛髮竦然，佯責以侵己之罪，以觀其意。犬曰：「我主公歸日，委我以關鎖，屬我以家庭，閫我以童子，我得專之。詰暴禁奸，我之責也。吾子富翁俄來，又無主公，便得一吠，於理何妨！又何見罪之深耶？」富翁聞言有理，暗想他是一般奇物，意欲與之提携，徐道之曰：「汝有靈性，必審是非。吾今為汝曉示：汝主公本色寒儒，又不值好時節。禹門久塞，龍鱗無計達雲程；東殿云賒❹，蟾脚何緣攀月桂。躬耕稼則不如老圃，言財利則不及富商。陋巷自居，生理僅容數口；舌耕為計，朋徒只有四人。祿限三緡，隨家寧儉；廚量半斗，每食無餘。老貓突灶了無功，碩鼠穿墻毫不犯。公猶不足，何暇於汝乎？今為汝計，莫若背暗投明，去貧就富，盈求饜（饜）足，快樂一生，毋為久自苦也。」犬曰：「噫！子亦人耳，何出此言！夫忠義之士，不以窮達易志操，故歲寒知松栢之後彫（凋），疾風知勁草之特立，物雖異類，頗有天真，五性由衷，四端具有。是以明皇之象，不拜祿山；德宗之猿，怒打朱泚；雲長赤兔，肯甘建業之羈縻；西楚烏騅，不樂江東之豢養，是皆為主守節，不以窮達利鈍二其心也。矧我主公，春秋鼎盛，行義日隆。廣濶胸襟，大道蘊藏原自富；聰明耳目，洪鈞賦予不為貧。周冠宋陛罔于常，唐選漢科容有志。樂聖人之道，詩書從事，豈暇於耕；繹孟子之言，仁義治躬，何必曰利。尋顏回樂處，則陋卷其何妨；希馬子閑踪，則舌耕不為害。三緡正祿，多於不義之財；半斗漬貧，勝似折腰之米。仁乎蛇豕❺，彼貓何物敢私偷；信及豚魚，相鼠有皮猶可化。處心也正，擇術也明；忠以事君，信以待友；孝於親，睦於族，誠好底一般人物。天將降大任，故使之窮乏，以玉其成耳！安可以淺淺論之哉？子言謾戾，我當恕之，不然口含軍憲，再吠何妨！早早回歸，毋貽後悔。」富翁聽了，神思欲癡，曉他義之不可奪，帶飯出門，嘆曰：「物固不靈於人也，曾以人而不如物乎？」載述唐詩一首，以記其事云：

受委專司責匪輕，一門鎖鑰敢忘情。
怒衝暴客寧知死，力捍孤城不問生。
媒餌雖靡標勁節，爪牙纔試壯威聲。
大夫當國能如是，何至徽欽苦北行！

後數日，公歸，那犬出門迎接，不勝悲苦。隣人具道其事，公嗟訝不已，占成一律（絕）云：

人物雖殊類，天真一理同。
一門萃忠義，千古植清風。

吟訖。點檢書齋，則房鎖不移，几席如故，皆那犬干城之力也。

噫！犬乃毛蟲之物，猶知節義以事主，雖甘言和誘，不足以餌其鐵石之肝腸；況食君祿者，苟能充是心以報國，以之衝敵，何敵不摧？以之守城，何城不固？國家賴以長遠，豈至有徽欽北轅之釁哉？夫何人心不古，世態多端。國家和樂之時，行媚取寵；世故紛挈之後，易面變辭。賣國偷生，隨時干祿，何無廉恥之甚！予故曰：「世不如韓盧（盧）者，多矣！」因筆之子傳，以爲世戒云。

【校勘記】

❶ 多，甲本作「又」。

❷「鍾」，原本作「金」，據甲本改。
❸原本「東山雖帝得臣難」後有「承平傳取公侯易，厭亂高閑草野難」二句。
❹「東殿云賒」，甲本作「素殿云除」。
❺「孚」，原本作「乎」，據甲本改。

羽蟲角勝記

黎朝昭統二年時，有一個書生姓阮，字嘉獻，文江縣如鳳社人也。公少劬于學，偶值風雷，他鄉客館，常以舌耕爲計，遂教于安豐之內鄰焉。公性不甚他好，惟愛棋躭詩，爲日夜遣懷之助，每自比伏波、諸葛，時人莫之許焉，常（嘗）于壁上題一絕云：

諸葛南陽日，文淵北地時。
一般清意味，料得少人知。

題訖。公見釣渭畫圖，吟成一句云：

蟠溪不遇周車載，終作昂藏一丈夫。

吟訖。如此風情，不慮三十餘首，姑述一二以驗其素爾！

一日，乘閑縱遊安樂寺，途中遇一異人錫以金丹數粒，公飲之，不覺神體清淡，腑臟寬平，頗能格物，凡昆蟲之動靜，鳥獸之聲音❶，莫不領會。

迨丙辰年十月，時秋末冬初，紫霧漫空，金風微颯，公於講讀之暇，悶倚書窗，引目四望，適見牆外古槐第三枝處，有一物形枯體瘦，從東方婆娑飛來，認之乃寒蟬也；忽見一物紅頭碧翅，從西方來，亦就此處，視之乃青蠅也。公縱目閑覓，見那青蠅羽翼動開，如有爭立之狀，向蟬邊叱曰：「爾是何物！敢與我一枝並棲。」寒蟬鬚戟立，怒目厲聲曰：「我是名蟬居士，奉帝命以行夏，令掌時舵❷，以正農功，橫行天下，聲跡彰聞，偶值冬寒，特來抱葉。爾是何物！敢出言之不遜。」蠅曰：「我是青蠅才子，見聞甚敏，材辨過人，本系寒門，致身富屋。粱肉所餘之祿，自有王恩；鼎鐘不盡之財，祇憑天給。腸充厚味，口潤嘉肴，故其頭也紅，其翅也碧，體貌如此豐實，羽翼如此具成，富貴風流，想亦三生有幸。這爾瘦黑，豈能與我匹乎？」蟬曰：「居吾語汝：夫聖人之道，貴正不貴幸；君子之儒，憂道不憂貧。故伯夷恥周人之粟，而甘食首陽之薇；仲子辭卿相之榮，而自樂田園之趣，豈非以其「不義之富貴，於我乎浮雲」哉？彼青蠅者，貪叨無厭，趨附成群。鮑魚之肆，出入而不聞其臭；庖厨之下，縱橫而不覺其汚。睢水下流，行人當掩面也，而汝以〔爲〕饜（饜）足之場③；新安城外，時人常痛心也，而汝以爲歡欣之所。凡其汝俸汝祿，盡是民膏民脂，故能體腹充肥，頭目虛大，不知自恥，反以爲榮，是以行踪到處，人皆厭而驅之，惡其非潔之物也。豈如我冰霜其操，鐵石其心；所居者古樹老松，所食者清霜甘露。念君臣之義，則冬寒守節，緘默無言；樂聖人之道，則夏暑談經，弦歌不輟。于畋之駕，繒弋不能施，何其智也！非義之財，毫毛無所近，何其清也！不向人而求飽，何其廉也！不害物以自肥，何其仁也！枯瘦而能爲世所珍寶，良醫往往置諸籠中，號爲蟬蛻，以爲藥物，豈非以其「得天地精清之氣，用可以醫世救民」乎？今評品者不原以清濁精粗之迹，而徒取其肥瘦之一節，尚得爲定論哉？」青蠅聽了，面色如土，忽之望西方而飛去，顧眄間已失所在矣！

噫！蟬乃無知之物，猶知清介自守，禮義治躬；況士夫處世，莫重乎綱常，綱常不重，冠裳而禽犢矣！其與青蠅何異哉？又況昏夜乞哀，驕人白日，何無廉恥之甚！物因不靈於人也，曾以人而不如物乎？後之君子苟能以身殉道，安命俟時，毋苟圖富貴以取汚辱也。

【校勘記】

❶「犨」，甲本作「德」，下同。
❷「舵」，甲本作「候」。
❸「為」字，原本腹，據甲本補。

貓犬對話

南京士子胡球，慶元間從白鹿洞受業。朝赴饘堂，暮還客帳。蠅頭牛後，不暇留懷；馬史麟經，何曾釋手。然資根豪邁，性本高超；拋塵俗於眸月之邊，掛世慮於天涯之外；遊神於仁山智水，淡心於利鎖名韁，未嘗不思致身於無過之境也。所牽慮者，惟琴棋詩酒、雪月風花、奇山秀水而已。

一日，講習之餘，遣懷東閣，寄傲南軒。忽想世態炎涼，人情冷暖。威徒托虎，利務侵漁。朝叩秦關，暮遊燕壁。滾滾奴顏婢膝，肥己良謀；紛紛佞舌諛唇，膏身長策。彼之所樂，吾不忍爲！與其奔走片時，爲片時富貴；曷若清閑一日，爲一日神仙。時居良辰，日丁佳節。遊心秀水，寓目奇山。山水之情，於我何負！乃足穿輕履，身掛涼衮，帶三五奚童，離咫尺客邸；攜扇一柄、酒一壺、琴一張、詩一部，跨驢而行。到得一座名山，那山望之，則蕭（瀟）蕭（瀟）灑灑，似可愛也。及登絕嶺，只見一石巑岏，夭草叢雜；蟬雀亂磨相費力，衆禽爭食儘忘饑。胡生看了一遍，熱眼已冷了。又終到一派浩水，那水望之，則澄澄湛湛，似可景（影）也。及登彼岸，只見利（汚）源洶湧，濁派汪洋；蚌鷸相持難捨勢，群魚索餌不回頭。胡生玩了一番，興懷已索了。於是觖（怏）觖（怏）有失所望，乃口占詩二律，以道其志云❶：

【校勘記】

❶ 以下原卷殘缺。

國立中央圖書館出版品預行編目資料

越南漢文小說叢刊. 第二輯／陳慶浩、鄭阿財、陳義主編, --初版. --臺北市：臺灣學生，民81
冊； 公分
ISBN 957-15-0461-0 (一套：精裝)

868.357　　81005761

越南漢文小說叢刊 第二輯

筆記・傳奇小說類 第五冊

⑰雨中隨筆
⑱敏軒說類
⑲會眞編
⑳新傳奇錄

主編者：陳慶浩 鄭阿財 陳義
出版者：法國遠東學院
本書局登記證字號：行政院新聞局局版臺業字第一一〇〇號
發行人：丁文治
發行所：臺灣學生書局
台北市和平東路一段一九八號
郵政劃撥帳號〇〇〇二四六六八號
電話：三六三一〇九七・三六三四一五六・三六三三四六七
FAX：三六三六三三四
香港總經銷：藝文圖書公司
地址：九龍偉業街九十九號連順大廈五字樓及七字樓
電話：七九五九五九五

中華民國八十一年十一月初版

86802-5

ISBN 957-15-0461-0 (一套：精裝)
ISBN 957-15-0466-1 (精裝)